बाक़ी इतिहास

[नाटक]

बाक़ी इतिहास

बादल सरकार

अनुवाद
नेमिचन्द्र जैन

राधाकृष्ण प्रकाशन

ISBN : 978-81-7119-600-5

बाक़ी इतिहास

राधाकृष्ण से पहली बार : 2000
पाँचवाँ संस्करण : 2018

मूल्य : ₹250

प्रकाशक
राधाकृष्ण प्रकाशन प्राइवेट लिमिटेड
जी-17, जगतपुरी, दिल्ली-110 051

शाखाएँ : अशोक राजपथ, साइंस कॉलेज के सामने, पटना-800 006
पहली मंजिल, दरबारी बिल्डिंग, महात्मा गांधी मार्ग, इलाहाबाद-211 001
36 ए, शेक्सपियर सरणी, कोलकाता-700 017

वेबसाइट : www.radhakrishnaprakashan.com
ई-मेल : info@radhakrishnaprakashan.com

मुद्रक
बी.के. ऑफसेट
नवीन शाहदरा, दिल्ली-110 032

BAQI ITIHAS
Play by Badal Sarkar
Translated by Nemichandra Jain

परिचय

पिछले दिनों बंगला के नाटककार श्री बादल सरकार ने सारे भारतीय रंगमंच का ध्यान आकर्षित किया है। उनके कृतित्व से निस्सन्देह भारतीय नाटक लेखन ने एक नई मंजिल तय की है, जिसकी मान्यतास्वरूप संगीत नाटक अकादेमी ने उन्हें इस वर्ष का प्रमुख नाटककार मनोनीत करके पुरस्कृत किया है। उनका नाटक **इन्द्रजीत** बहुत-सी भारतीय भाषाओं में अनूदित होकर मंच पर प्रस्तुत हो चुका है। अब यह उनके अन्य विख्यात नाटक **बाक़ी इतिहास** का हिन्दी अनुवाद प्रस्तुत है। इसका पहला प्रदर्शन बंगला में श्री शम्भु मित्र के निर्देशन में 'बहुरूपी मंडली' द्वारा तथा हिन्दी में श्री राजेन्द्र नाथ के निर्देशन में दिल्ली की 'अभियान मंडली' द्वारा हुआ। देश के अन्य भागों में भी इसके प्रदर्शन की बड़ी उत्सुकता से प्रतीक्षा की जा रही है। इसमें कोई सन्देह नहीं कि इस नाटक से हिन्दी का और देश की अन्य भाषाओं का रंगमंच समृद्ध और सार्थक होगा।

—नेमिचन्द्र जैन

नई दिल्ली
फरवरी, 1969

पात्र

शरद	आगन्तुक
वासन्ती	बूढ़ा
वासु	कनक-2
कनक-1	विजय
निखिल	सीतानाथ-2
सीतानाथ-1	विधुभूषण
	सीतानाथ-3

पहला अंक

[भवानीपुर की किसी सँकरी सड़क पर किसी पुराने तिमंजिले मकान की दूसरी मंजिल में शरद नाग का घर। घर में खास कमरे दो ही हैं–उनमें भी बैठक वाला कमरा ही अपेक्षाकृत बड़ा है। कमरे के एक ओर बाहर का दरवाजा है, दूसरी ओर सोने के कमरे का। इन दोनों दरवाजों के बीच, अर्थात पीछे की ओर, रसोईघर का रास्ता है। रसोईघर वास्तव में बैठक का ही एक हिस्सा है–लकड़ी के परदे से उसकी थोड़ी-सी आड़ की गई है। जहाँ आड़ नहीं है वहाँ वह बैठक से मिला हुआ है। वहाँ एक परदा अवश्य लगा है, पर साधारणतः वह हटा ही रहता है। फलस्वरूप कुछेक ताक, एक मेज, विभिन्न आकारों के डिब्बे, बोतलें आदि, रसोईघर का सरंजाम, बैठक में से दिखाई पड़ता है। रसोई बनाने की व्यवस्था आड़ में होने से दिखाई नहीं पड़ती।

रसोईघर में प्रवेश के पास ही छोटी खाने की मेज और तीन कुर्सियाँ हैं। मेज पर प्लास्टिक की चादर अभी साफ चमचम करती है, पर कुर्सियाँ पुरानी हो चुकी हैं। कमरे के बाकी हिस्से में दो आरामकुर्सियाँ, एक लिखने की मेज-कुर्सी, और घर का सबसे बढ़िया असबाब किताबों की आलमारी है। किताबें, फूलदान, मैसूर की काठ की पुतलियाँ सभी उस आलमारी पर ही एकत्र हैं।

इतवार का सवेरा। शरद कुर्सी पर निढाल-सा बैठा है। अखबार से उसका चेहरा ढँका है। उसकी उम्र पैंतीस के आसपास होगी।

सोने के कमरे में वासन्ती का प्रवेश। हाथ में बिजली का बिल है।]

वासन्ती : तुमने कल भी बिजली का बिल नहीं चुकाया ?

शरद : *(अखबार नीचा करके)* ऐं ? ओ हो, बिल्कुल भूल गया। कुरते की जेब में रख दो।

वासन्ती : कुरते की जेब में ही तो था ! कल कॉलेज जाते वक्त याद भी दिला दी थी !

शरद : शनीचर को वैसे भी चुकाना मुश्किल होता है। बड़ी भीड़

रहती है। कल चुका दूँगा, जरूर।

वासन्ती : पर कल ही आखिरी दिन है। कल नहीं चुकाया तो ज्यादा पैसे लग जाएँगे।

शरद : नहीं, नहीं, कल जरूर चुका दूँगा। सोमवार को लगातार दो घंटे खाली भी रहते हैं।

[वासन्ती बिल लेकर चली जाती है। शरद उठकर कैंची ले आता है और होशियारी से अखबार में से एक कतरन निकालने लगता है। वासन्ती का प्रवेश। उसके हाथ में एक लिफाफा है।]

वासन्ती : यह क्या है ? तुम्हारी जेब में था।

शरद : ऐं ? वह ? ब्याह का निमन्त्रण था।

वासन्ती : किसका ब्याह ?

शरद : भवतोष बाबू की बेटी का। भवतोष मित्तिर—केमिस्ट्री के हेड।

वासन्ती : जाओगे तुम ?

शरद : नाऽहीं। कार्ड देना होता है, दिया है। नहीं तो साइंस वालों से हमारा कोई मेलजोल नहीं है खास।

[वासन्ती चली जाती है। शरद कतरन निकालने का काम पूरा करके एक बड़ा जिल्ददार रजिस्टर ले आता है। उसमें अखबार की बहुत-सी कतरनें चिपकाई हुई हैं। गोंद से नई कतरन चिपकाते-चिपकाते पुकारता है।]

शरद : वासन्ती !

वासन्ती : *(भीतर से)* क्यों ?

शरद : क्या कर रही हो तुम ?

वासन्ती : *(भीतर से ही)* कमरा ठीक कर रही हूँ।

शरद : छोड़ो अभी। यहाँ आओ।

[वासन्ती का प्रवेश]

वासन्ती : क्या है ?

शरद : आज इतवार है।

वासन्ती : *(हँसकर)* वह तो दीख ही रहा है।

शरद : क्या किया जाए आज, बताओ।

वासन्ती : तुम्हीं बताओ।

शरद : घूमने चलोगी ? ट्रेन से ?

वासन्ती : कहाँ चलोगे ?

शरद : जहाँ कहो। डायमंड हार्बर चलोगी ?

वासन्ती : इतनी दूर ? सोचा था आज मसहरी धोऊँगी।

शरद : तो चलो, दोपहर को खाने के बाद कहीं पास ही घूम आएँ। बोटैनिकल गार्डन चलो।

वासन्ती : चलो। बहुत दिनों से नहीं हुआ जाना।

शरद : सिर्फ बस में भीड़ की बात से जी घबराता है।

वासन्ती : यह तो है। पहुँचते-पहुँचते दम घुटने लगता है।

शरद : तो फिर कहाँ चलें ?

वासन्ती : मनी बाबू के घर कभी जल्दी ही जाना होगा। वे लोग दो बार आ चुके हैं।

शरद : मनी के घर ? आज निबटाना चाहती हो ?

वासन्ती : क्या हर्ज है ?

शरद : पर वह तो शाम को होगा। दोपहर को क्या करें ?

वासन्ती : तुम लेख पूरा नहीं करोगे ? कल कह रहे थे जल्दी देना है ?

शरद : अरे हाँ, वह भी तो है। यह भी बड़ा झमेला है, भई। कॉलेज की पत्रिका में साल में तीन बार लेख लिखो !

वासन्ती : बँगला के प्रोफेसर यों ही बन जाओगे ?

शरद : प्रोफेसर होता तो भी कुछ बात थी !

वासन्ती : वाह-वा ! जो कॉलेज में पढ़ाए वह प्रोफेसर।

शरद : यही तो और भी कसकता है। कहेंगे प्रोफेसर, तनखा देंगे मास्टर की। ऊपर से लेख लिखाएँगे, साल में तीन।

वासन्ती : ओ हो--लिखना जैसे बड़ा बुरा लगता है तुम्हें !

शरद : धत् ! पहले लगता था अच्छा। अब तो--!

वासन्ती : कल रात कितना लिख लिया ?

शरद : शुरू कर रक्खा है बस।

वासन्ती : क्या लिख रहे हो इस बार ?

शरद : वही जो तुम्हें बता रहा था। नाटक साहित्य में आधुनिकता। तुम मजे में हो !

वासन्ती : कैसे ?

शरद : खूब मीठी-मीठी कहानियाँ लिखती हो, पैसा भी मिलता है--

वासन्ती : आहा ! दो कहानियों का ही तो आज तलक मिला है पैसा। वह भी कुल जमा तीस।

शरद : अरे, क्या दो ही रहेंगी ? रास्ता खुल गया तुम्हारे लिए तो--

वासन्ती : कहाँ खुल गया ! महीने भर से एक कहानी नहीं लिखी गई।

शरद : लिखी जाएगी, लिखी जाएगी।

वासन्ती : खाक लिखी जाएगी। प्लौट ही नहीं मिलता !

शरद : प्लौट ? सारी दुनिया कहानी के प्लौटों से ठँसी पड़ी है। जिन्दगी ही तो कहानी का प्लौट है !

वासन्ती : ये सब बड़ी-बड़ी बातें छोड़कर कोई सीधा-सहज प्लौट बता सकते हो ?

शरद : सीधे-सहज प्लौट से तुम्हारा मतलब ?

वासन्ती : मतलब—घटना। जो कुछ होता है।

[दरवाजे की कुंडी खड़कती है।]

शरद : वासुदेव आया शायद।

[शरद दरवाजा खोलता है। वासुदेव का प्रवेश। उम्र में शरद से कुछ कम है।]

वासु : नमस्ते, शरद भाई। इतवार मुबारक। नमस्ते भाभीजी। चाय कहाँ है ?

वासन्ती : *(हँसकर)* आकर बैठिए तो सही।

वासु : *(झपाक से बैठकर)* लीजिए, बैठ गया। लाइए चाय।

वासन्ती : हे भगवान ! बिना बनाए मिल जाती है चाय ?

वासु : यह देखिए ! कितनी बार कह चुका हूँ—इतवार को बाल्टी भर चाय सबेरे ही बनाकर रख लिया कीजिए, सो आप कभी नहीं सुनतीं।

वासन्ती : बनाकर रख लेने से ठंडी नहीं हो जाती ?

वासु : यह भी ठीक है। बाल्टी के बराबर एक थरमस अब आपको भेंट करना ही पड़ेगा। आप लोगों के ब्याह ही तारीख कब है, बताइए जरा ?

शरद : ब्याह की तारीख ? वह अब किसे याद है ?

वासन्ती : आपकी तरह नए ब्याहे तो हैं नहीं हम लोग।

[रसोईघर में चली जाती है।]

वासु : नए ब्याहे ? हम नए ब्याहे ? चार बरस होने आए—

[अखबार लेकर पलटने लगता है।]

शरद : चार बरस ! हमारे तो ग्यारह निकल गए।

वासु : अरे, चार और ग्यारह में ऐसा कितना फर्क है ?

शरद : *(हँसकर)* बहुत नहीं, सात बरस।

वासु : *(कतरन की जगह पहुँचकर)* यह क्या ? सम्पादकीय काटकर रख लिया है ?

शरद : अरे, माफ करना। *(रजिस्टर उठाकर)* यहाँ चिपका रक्खा है ? पढ़ोगे ?

वासु : *(अखबार फेंककर)* नहीं ! वही किचकिच--अच्छी नहीं लगती।

शरद : बेटा कैसा है ?

वासु : ठीक नहीं। सर्दी, खाँसी, बुखार। आप लोग मजे में हैं--कोई झमेला नहीं।

शरद : झमेला तुम्हारे लिए ? या तुम्हारी बीवी के ?

वासु : हाँ, आप तो यही सोचते हैं। पर बेटे के साथ-साथ बीवी का पारा चढ़ने लगता है और बीवी का पारा चढ़ने पर मियाँ का--*(हाथ से गला काटने का नाटक करता है कि इतने में वासन्ती आती है।)* कहाँ ? हुई चाय ?

वासन्ती : सब्र कीजिए, अभी पानी चढ़ाकर आई हूँ।

वासु : मारे गए। आज बड़ी जल्दी है--अभी जाना है।

वासन्ती : क्या हुआ ? इतवार के दिन सबेरे--

वासु : इतवार ? घर-गिरस्तीवाले का इतवार !

वासन्ती : बड़ी घर-गिरस्ती बखान रहे हैं। घर-गिरस्ती हमारी नहीं है ?

वासु : हूँ--! इसे घर-गिरस्ती कहते हैं ? मियाँ वैष्णव साहित्य कॉलेज में बच्चों को समझाते हैं, घर में समझाते हैं बीवी को--हो गई घर-गिरस्ती।

शरद : तो तुम घर पे अपनी बीवी को फिलासफी पढ़ा दिया करो।

वासु : फिलासफी ? लौजिक ? बीवी को ? आपको क्या हो गया है, शरद भाई ?

वासन्ती : अच्छा, औरतें लौजिक नहीं समझतीं--यही न ?

वासु : मारे गए ! औरतें नहीं समझतीं यह किसने कहा ? अपनी बीवी की बात कह रहा हूँ।

वासन्ती : आपकी बीवी औरत नहीं है ?

वासु : सुनिए, शरद भाई, सुनिए ! फिर भी आप कहेंगे--औरतें लौजिक नहीं समझतीं।

वासन्ती : मैंने कहा ? या तुमने कहा था ?

वासु : ओफ, छोड़िए--छोड़िए सब बेकार की बातें चाय के पहले ! एक बात बताइए।

शरद : क्या ?

वासु : आज भवतोष मित्तिर की बेटी के ब्याह में जा रहे हैं न?

शरद : नहीं।

[वासन्ती रसोईघर में चली जाती है।]

वासु : सो क्यों जाएँगे ? जाने से मेरा भला जो हो जाता !

शरद : क्या भला हो जाता ?

वासु : एक संगी मिल जाता।

शरद : संगी बहुत मिल जाएँगे। कॉलेज में सभी को तो बुलाया है।

वासु : आर्ट्र्स वालों में से बहुत नहीं जाएँगे।

शरद : तो तुम्हीं क्यों जा रहे हो ?

वासु : जात-बिरादरी का मामला है–बिना गए चारा नहीं। फिर प्रिंसिपल साहब जा रहे हैं, तोला-दो तोला मक्खन लगाने का मौका मिल सकता है। यह भी सोचा आपने ?

शरद : *(हँसकर)* मक्खन लगाने से मुझे कोई फायदा नहीं। तेरह बरस से लेक्चरर हूँ, और तेरह बरस रहूँगा।

वासु : खबर सुनी है ?

शरद : क्या खबर ?

वासु : आपके हरीकिशन बाबू जाने वाले हैं।

शरद : कहाँ जाने वाले हैं ?

वासु : कोई अच्छी नौकरी हाथ लग गई है।

शरद : हुँ ऽ। यह बात कितनी बार सुन चुका हूँ।

वासु : नहीं, नहीं, बड़ी गरम खबर है। चले गए तो आपकी असिस्टैण्ट प्रोफेसरी कौन रोक सकता है ?

शरद : इससे अच्छी नौकरी हरीकिशन को कोई नहीं देगा, समझे। ऐसी खबरों पे कान देना बेकार है।

वासु : अच्छा, अच्छा। आप बेहतर जानते हैं। पर काम बने तो दावत मत भूल जाइएगा। ए भाभीजी, चाय हुई ? बड़ी जल्दी है।

वासन्ती : *(रसोईघर से)* आई, आई, हो गई है।

शरद : पर जल्दी काहे की है ?

वासु : मैं खरीदारी करने निकला हूँ।

[चाय लेकर वासन्ती का प्रवेश]

शरद : खरीदारी करने ? थैला कहाँ है ?

[वासुदेव जेब से नायलोन की जाली का एक थैला निकालता है।]

वासु : यह देखिए थैला।

वासन्ती : देखूँ, देखूँ ! बढ़िया चीज है। कहाँ मिला ?

वासु : क्या मतलब ? आपने नहीं देखा था यह ? न्यू मार्केट में, चौरंगी के कोने-कोने पर—भरा पड़ा है।

वासन्ती : कितने का है ?

वासु : क्या पता, याद नहीं। शायद सवा रुपया।

वासन्ती : *(शरद से)* तुम तो कल चौरंगी जाने वाले हो—एक लेते आओगे ?

शरद : कल कब जाने वाला हूँ चौरंगी ?

वासन्ती : वाह ! बिजली का बिल चुकाने नहीं जाओगे ?

शरद : ओ, हाँ-हाँ। अच्छा। अच्छा देखूँगा।

वासन्ती : सिर देखोगे ! याद रहेगी तभी तो ?

वासु : अच्छा, मैं ला दूँगा आपके लिए, भाभीजी।

वासन्ती : पक्का ? पैसे दे दूँ तो फिर ?

वासु : पैसे की जरूरत नहीं। अपने ब्याह की तारीख बताइए—भेंट कर दूँगा।

वासन्ती : ओफ ! मैं भी किससे कहने बैठी ! ब्याह की तारीख तक बैठी रहूँगी आपकी भेंट के इन्तजार में ?

वासु : ब्याह की तारीख में ऐसी कितनी देर है ? एक बरस से ज्यादा तो नहीं न ? शरद भाई एक बरस से पहले ला देंगे, आप सोचती हैं ?

शरद : *(हँसकर वासन्ती से)* तुम इस वासुदेव पर एक कहानी नहीं लिख सकतीं ?

वासु : यह देखिए ! भूल ही गया था ! बधाई है, भाभीजी ! आपकी नई कहानी पढ़कर हम सपरिवार मुग्ध, अभिभूत, चमत्कृत !

वासन्ती : सपरिवार में कौन-कौन है ?

वासु : माताजी, श्रीमती, बेटा—

वासन्ती : बेटा भी ?

वासु : बेटा तो आपकी कहानी को एकदम निगल जाना चाहता था। उसकी माँ ने देखकर छीन लिया तो साढ़े सात मिनट तक गला फाड़कर चिल्लाता रहा। इसे मुग्ध नहीं कहेंगी ?

वासन्ती : *(हँसकर)* जरूर !

वासु : अब कब छपेगी ? अगले महीने ?

वासन्ती : अब नहीं छपेगी। प्लौट नहीं। कोई प्लौट नहीं मिल रहा।

वासु : प्लौट ? इतनी बड़ी दुनिया में प्लौट की कमी ?

शरद : यही बात मैंने कही थी ठीक तुम्हारे आने के पहले।

वासन्ती : ऐसे सभी कहते हैं। असली प्लौट बताने वाला कोई नहीं दीखता।

वासु : अच्छा, किस तरह का प्लौट चाहिए आपको, बताइए ?

वासन्ती : मुझे घटना चाहिए। कोई आदमी गाड़ी में बैठा-बैठा अनाप-शनाप सोचता रहा, और उसी को लिखने से कहानी बन गई—उसकी मुझे जरूरत नहीं।

शरद : घटना तो और भी आसान है। कितनी घटनाएँ होती हैं रोज।

वासन्ती : जैसे ?

शरद : अरे कोई भी घटना ले लो—

वासन्ती : कोई भी कहने से तो काम नहीं चलता। कौन-सी घटना, बताओ।

वासु : मान लीजिए—किसी की बीवी रूठ गई—

शरद : हिश् ! यह कोई घटना हुई ?

वासु : इससे बड़ी घटना फिलहाल मुझे नहीं सूझ रही। मैं चल दिया।

शरद : अरे, बैठो भी।

वासन्ती : बैठिए, बैठिए। अभी से क्या जाएँगे ?

वासु : अभी नहीं गया तो घर पर दुर्घटना हो जाएगी। हँसिया लिये बैठी है।

वासन्ती : मुझे एक प्लौट का पता-ठिकाना बताए बिना ही चले ?

वासु : वह शरद भाई बताएँगे। यह लीजिए, इसमें बहुत घटनाएँ मिल जाएँगी।

[अखबार शरद के हाथ में पकड़ाकर वासुदेव चला जाता है। सदर दरवाजे की चटखनी लगाकर वासन्ती लौटती है।]

वासन्ती : क्यों, नहीं बता सकते न ?

शरद : बता क्यों नहीं सकता ? इस वासुदेव की ही बात लो न। किसी की बीवी रूठ गई—

वासन्ती : ऐसी घटना से सम्पादक को सन्तोष नहीं होगा।

शरद : आहा, घटना हमेशा ही बहुत मामूली होती है—उसे अलग से देखो तो। पर इस मामूली घटना के पीछे शायद कार्य-कारण का लम्बा खेल रहा हो। क्यों हुई ? किस कारण हुई ? तलाश करने पर पाओगी कि वह एक लम्बे सिलसिले का नतीजा है। उसकी भी तो कहानी बन सकती है।

वासन्ती : अच्छी बात है। किसी की बीवी रूठ गई, यह किस सिलसिले का नतीजा है, बताओ ?

शरद : पर इसी को लिया जाए, यह कोई बात हुई ? उससे बेहतर घटना कोई नहीं है ?

वासन्ती : तुम्हीं सोचकर बताओ कोई बेहतर घटना।

[वासन्ती चाय के बर्तन लेकर रसोईघर में चली जाती है।]

शरद : अच्छा, इस अखबार में ही देखो न, क्या मिलता है– *(बड़बड़ाता हुआ बोलता जाता है)* यू. एन. ओ.–सिक्युरिटी काउंसिल–कोंगो– *(वासन्ती बर्तन रखकर लौट आती है)*–पाकिस्तानी सीमा पर–विधानसभा में मुख्यमन्त्री ने–

वासन्ती : किसी मन्त्री की घटना मुझे नहीं चाहिए।

शरद : नहीं, नहीं, मन्त्री क्यों–

वासन्ती : और क्या है ? जापान में भूकम्प ? मोहन बागान की जीत ? पटसन का बाजार भाव ?

शरद : यह रही ! फाँसी लगाकर आत्महत्या !

वासन्ती : प्लीज ! आत्महत्या नहीं। आत्महत्या आजकल कोई सम्पादक सहन नहीं करता। *(शरद ध्यान से खबर पढ़े जा रहा है)* आत्महत्या के अलावा कुछ और हो तो देखो।

शरद : *(अचानक सिर उठाकर)* किसी सीतानाथ चक्रवर्ती को पहचानती हो ?

वासन्ती : नहीं।

शरद : सीता-नाथ-चक्र-वर्ती। नाम बड़ा पहचाना-पहचाना-सा लग रहा है।

वासन्ती : बहुत-से नाम ऐसे ही पहचाने-पहचाने लगते हैं।

शरद : *(जोर से)* अरे–बोटैनिकल गार्डन !

वासन्ती : क्या बोटैनिकल–?

शरद : नहीं याद आया ? बोटैनिकल में मिले थे। सीतानाथ चक्रवर्ती और उनकी बीवी–क्या नाम था जाने ?

वासन्ती : हाँ, हाँ। पिछले साल–नहीं, उससे भी पहले साल शायद–

शरद : बीवी का नाम ?–भला ही-सा कुछ था। कनिका, नहीं, कना–

वासन्ती : कनक, कनक !

शरद : कनक ? हाँ, कनक ही होगा।

वासन्ती : एक साथ खाना-पीना हुआ था, सब चीजें बाँटकर, याद है ?

लौटे भी तो एक ही बस में थे, भवानीपुर तक।

शरद : सीतानाथ चक्रवर्ती। ताज्जुब है !

वासन्ती : क्या हुआ उसे ?

शरद : *(जैसे फिर अचानक याद आया हो)* आत्महत्या कर ली।

वासन्ती : *(चौंककर)* आत्महत्या ?

शरद : हाँ, गले में फाँसी लगाकर।

वासन्ती : तुम–तब–यही फाँसी लगाकर आत्महत्या–तब–

शरद : हाँ, सीतानाथ चक्रवर्ती।

[वासन्ती अखबार लेकर पढ़ने लगती है।]

वासन्ती : कोई और सीतानाथ चक्रवर्ती भी तो हो सकता है।

शरद : जरूर हो सकता है, मगर–लिखा है, बीवी है, बाल-बच्चा नहीं, भवानीपुर में रहनेवाला–भवानीपुर ही तो आए थे न एक साथ बस में–

वासन्ती : हाँ, भवानीपुर।

[थोड़ी देर बाद शरद कोशिश करके हँसता है।]

शरद : लो, तुम घटना चाहती थीं !

वासन्ती : इसीलिए क्या–इस तरह की घटना–

शरद : नहीं क्यों ? तुमने उसे देखा है। उसकी बीवी को देखा है। आधे दिन साथ-साथ रही हो, बातचीत की है–

वासन्ती : उससे कितना जाना जा सकता है ?

शरद : बिल्कुल नहीं जाना जा सकता। यही तो चाहिए। तुम्हारे मन पर एक छाप है, जिसे कहते हैं फर्स्ट इम्प्रेशन, और कुछ नहीं जानतीं। उनकी आर्थिक हालत, उनके आपसी सम्बन्ध, उनके नाते-रिश्तेदार, दोस्त-अहबाब, उनके सुख-दुःख–कुछ तुम नहीं जानतीं। यानी कल्पना करने के लिए सहारा तो है, पर उसमें अड़ंगा डाले ऐसा कुछ नहीं है।

वासन्ती : क्या कल्पना करूँ ?

शरद : कल्पना करो–घटना क्यों हुई। सीतानाथ चक्रवर्ती ने गले में फाँसी लगाकर आत्महत्या कर ली–यह घटना है। पर यह किस सिलसिले का नतीजा है–इसकी कल्पना करके कहानी लिखो।

वासन्ती : मगर–आत्महत्या ?

शरद : आत्महत्या बड़ी दिलचस्प घटना होती है। मन से एकदम भला-चंगा हो तो कोई आत्महत्या नहीं करता। और पूरी तरह

पागल हो तो भी नहीं करता।

वासन्ती : क्यों नहीं कर सकता ?

शरद : मैं यही मानता हूँ। तुम्हें कुछ और लगता है तो वह लिखो।

वासन्ती : मान लो—कोई आदमी किसी चीज को बहुत ज्यादा, बहुत ही ज्यादा, अनमोल समझता है, और फिर एकाएक किसी दिन देखे कि वह लुट गई—

शरद : बस, बस, और कुछ नहीं। चल पड़ा है तुम्हारा दिमाग। बैठ जाओ कागज-कलम लेकर।

वासन्ती : अभी ?

शरद : रुकावट क्या है ?

वासन्ती : खाना-पीना ?

शरद : छोड़ो ! इतवार को सबेरे साढ़े आठ बजे से खाने की चिन्ता ! शुरू कर डालो गरमागरम।

वासन्ती : तुम क्या करोगे ?

शरद : मैं नाटक साहित्य में आधुनिकता से सिर मारने बैठता हूँ। बैठता हूँ माने लेटता हूँ। इतवार के दिन सुबह बैठे-बैठे लेख लिखना मुश्किल है।

[शरद कागज-पत्तर समेटकर भीतर चला जाता है। वासन्ती कागज-कलम लेकर लिखने की मेज पर बैठने के लिए ठीक-ठाक करने लगती है।]

वासन्ती : कैसे तुम लेटे-लेटे लिखते हो, मेरी तो समझ में नहीं आता, भई।

शरद : कैसे तुम बैठे-बैठे लिखती हो, मेरी तो समझ में नहीं आता, भई। खासकर इतवार के दिन।

[शरद भीतर चला जाता है। वासन्ती बैठती है। सोचती है। लिखना शुरू करती है। मंच पर धीरे-धीरे अँधेरा हो जाता है।]

[जब फिर प्रकाश होता है वासन्ती नहीं है। कमरा खाली है। सदर दरवाजा खटखटाने की आवाज सुनाई पड़ती है। रसोईघर में कनक उत्तर देती है।]

कनक : खोलती हूँ, जरा सबर करो। सब्जी उतारकर आती हूँ।

[कुछ ही पलों बाद आँचल से हाथ पोंछती-पोंछती कनक बाहर निकलती है और प्रायः दौड़कर दरवाजा खोलती है।

खुलते ही जो दिखाई पड़ता है उसकी कोई आशा नहीं थी।]

कनक : अरे, आप !

निखिल : सीतानाथ नहीं है ?

कनक : बाजार गए हैं।

निखिल : बाजार ? कितनी देर हुई ?

कनक : आते ही होंगे। मैंने तो सोचा था—*(चुप हो जाती है।)*

निखिल : क्या सोचा था ? *(कनक चुप है)* सोचा था सीतानाथ है ! *(कनक चुप है)* उसका इन्तजार कर सकता हूँ ? या कहीं चक्कर लगा आऊँ ?

[कनक को ध्यान आता है कि वह रास्ता रोके खड़ी है, संकुचित होकर एक किनारे हो जाती है।]

कनक : आइए। बैठिए, ये अभी आ जाएँगे।

[कनक रसोईघर की ओर जाने लगती है।]

निखिल : कनक !

[कनक रुकती है, निखिल की ओर नहीं मुड़ती।]

कनक : जी ?

निखिल : सीतानाथ के आने से पहले एक बात कहना चाहता था।

कनक : मेरी सब्जी—

निखिल : डरो मत। उस दिन की बात फिर नहीं उठाऊँगा। और बात।

कनक : *(थोड़ा रुककर)* कहिए।

निखिल : उस दिन की बात—उसे भूल नहीं सकतीं ? *(कनक चुप है)* फिर सबकुछ पहले की तरह नहीं हो सकता ? *(कनक चुप है)* नहीं जानता तुम्हें कैसे यकीन दिलाऊँ—मैंने उस दिन जो कुछ कहा था, वह दिल से—

कनक : यह बात छोड़िए।

निखिल : *(कुछ देर तक उसकी ओर ताकते रहने के बाद)* अच्छा छोड़ो। *(कुछ और रुककर)* सिर्फ इतना तुमसे जरूर कह रखना चाहता हूँ। मैं अब कभी वह बात नहीं छेड़ूँगा। बस एक वादा करो। अगर कभी किसी भी दिन—किसी भी वक्त—सचमुच कोई जरूरत पड़े, तो मुझे खबर करोगी। *(कनक चुप है)* नहीं करोगी ?

कनक : पता नहीं। *(निखिल थोड़ी देर देखते रहने के बाद एक निश्वास छोड़कर सीधा सदर दरवाजे की तरफ बढ़ जाता*

है।) कहाँ जा रहे हैं ?

निखिल : चक्कर लगाकर आता हूँ।

कनक : ये अभी आते ही होंगे।

निखिल : आने दो। बाद में आ जाऊँगा।

कनक : निखिलजी ! *(निखिल मुड़ता है)* बैठिए। *(निखिल बैठता नहीं, पर भीतर एक कदम रखता है)* वादा करती हूँ, किसी दिन जरूरत पड़ी तो खबर करूँगी। *(निखिल कुछ कहता नहीं, पर उसका चेहरा कुछ चमक उठता है)* बैठिए। मैं आई। *(रसोईघर में जाती है, निखिल बैठ जाता है)* चाय तो पिएँगे ?

निखिल : अभी छोड़ो। सीतानाथ आ जाए।

कनक : ये पानी उबलते-उबलते आ जाएँगे।

निखिल : *(किसी के पैरों की आहट सुनकर)* लगता है आ गया।

[उढ़काए हुए दरवाजे को खोलकर सीतानाथ का प्रवेश। हाथ में सामान का थैला है।]

सीतानाथ : क्यों रे ? तुझे कितनी देर हुई ?

निखिल : बस अभी-अभी।

[सीतानाथ रसोईघर के दीखनेवाले भाग की ओर जाकर कनक को थैला पकड़ा देता है।]

सीतानाथ : चाय बनाई ?

कनक : *(रसोईघर में से)* पानी रख दिया है, देखते नहीं ?

सीतानाथ : *(निखिल से)* क्यों रे, तेरा पता ही नहीं आजकल—क्या मामला है ?

निखिल : पता नहीं मतलब ? उसी दिन तो—

सीतानाथ : उस दिन ? शायद महीने भर से इधर नहीं झाँका।

निखिल : इस बीच तू कितनी बार मेरे यहाँ जाकर झाँका है ?

सीतानाथ : वाह, मैं—मैं तेरे घर कब जाता था ?

निखिल : तू क्यों जाने लगा ? बस मैं ही रोज तेरे घर के चक्कर लगाता रहूँगा।

सीतानाथ : जानता तो है—क्यों नहीं जाता।

निखिल : नहीं, नहीं जानता।

सीतानाथ : कितनी बार तो बता चुका हूँ तुझे—तेरे घर के वे सब दरबान, खानसामा, बैरे, टैरियर, बुलडॉग—सबको पार करके मिलना—वह मेरे बूते की बात नहीं। नहीं बता चुका हूँ ?

निखिल : हाँ बता चुका है। बिल्कुल झूठमूठ का बहाना !

सीतानाथ : आज यह नए सिरे से नाराजी क्यों ?

निखिल : इसे कहते हैं—स्नाबरी ऑफ पावर्टी। गरीबी का घमंड।

सीतानाथ : नहीं ! तू आज लड़ाई पे आमादा है। भई, चाय लाओ जल्दी से, नहीं तो आज खैर नहीं।

निखिल : *(एकाएक उठते हुए)* नहीं, चाय नहीं। जाना है मुझे।

सीतानाथ : यह क्या ? लगता है, आज तो तू सचमुच नाराज हो गया ?

निखिल : *(कुछ नाराज होकर)* नाराज क्यों होऊँगा ? नाराज होने की क्या बात है ?

सीतानाथ : कनक के हाथ की बनी चाय पिए बिना चला जा रहा है, फिर भी कहता है 'नाराज नहीं हूँ' ?

निखिल : *(अचानक सचमुच क्रुद्ध स्वर में)* हर बात का उल्टा मतलब क्यों निकालता है तू ?

सीतानाथ : *(आश्चर्य से)* उल्टा मतलब कौन-सा निकाला ?

[निखिल बात को थोड़ा सम्भालने की बेकार कोशिश करता है।]

निखिल : नहीं, मुझे—मुझे काम है।

[निखिल तेजी से बाहर निकल जाता है। सीतानाथ अवाक होकर कुछ देर तक ताकता रहता है, फिर दरवाजे पर जाकर पुकारता है।]

सीतानाथ : ए, निखिल ! *(पर निखिल जा चुका है। सीतानाथ दरवाजा बन्द करके रसोईघर की ओर आता है और कनक से कहता है)* क्या मामला है ?

कनक : *(रसोईघर में से)* मुझे क्या पता क्या मामला है ?

सीतानाथ : पर ऐसे तो किसी दिन—*(कनक सीतानाथ के पास से निकलकर मेज पर चाय रखती है)* तुम्हारी चाय कहाँ है ?

कनक : रसोईघर में।

सीतानाथ : ले आओ।

कनक : खाना नहीं बनाना है ?

सीतानाथ : इतवार है आज तो। जल्दी काहे की है ?

कनक : अँगीठी बेकार जा रही है।

सीतानाथ : जाने भी दो।

कनक : जाने भी दो ! कोयले में पैसा नहीं लगता ?

[सीतानाथ एक बार कनक की ओर देखता है। फिर कुछ

कहे बिना चुपचाप चाय पीने लगता है। कनक पल भर खड़ी रहती है, फिर रसोईघर से अपनी चाय लाकर बैठ जाती है।]

कनक : क्यों ?

सीतानाथ : क्या ?

कनक : चुप हो गए ?

सीतानाथ : क्या कहूँ ?

कनक : मैंने कुछ सोचकर नहीं कहा था। यों ही बात निकल गई।

सीतानाथ : क्या बात निकल गई ?

कनक : पैसे की। *(सीतानाथ चुपचाप चाय पीता है)* मैं तो जानती हूँ तुम क्यों ऐसे पैसा बचाते हो। *(सीतानाथ फिर भी चुप है, जैसे किसी भारी उलझन में पड़ा हो)* अच्छा, अब और कितनी देर है ?

सीतानाथ : बस, और थोड़े रुपए जमा होते ही—

कनक : *(उछलकर)* अरे, इस महीने के लिखे नहीं। *(एक कापी निकालते हुए)* इस महीने कितने जमा किए ?

सीतानाथ : जितने हमेशा करता हूँ।

कनक : पचास। *(लिखकर जोड़ते हुए)* तीन हजार दो सौ अस्सी। अच्छा, सूद कितना हुआ तुमने नहीं पूछा ?

सीतानाथ : ओहो, याद ही नहीं रहती। कल बैंक जाकर पूछ आऊँगा।

कनक : अच्छा, तीन हजार दो सौ अस्सी में एक कमरा भी नहीं बन सकता न ?

सीतानाथ : ऐसे शुरू करने में फायदा नहीं। बता चुका हूँ तुम्हें, उसमें और ज्यादा खर्च बैठता है।

कनक : हाँ, बता चुके हो। मगर—कभी-कभी और सब्र नहीं होता। बस यही लगता है, जमीन बेकार पड़ी है।

सीतानाथ : होगा, होगा। जमीन हो गई, तो मकान भी होगा।

कनक : ओफ, तकदीर से उस वक्त जमीन खरीद ली। सोचो, अगर आज खरीदनी पड़ती तो ? वह जमीन ही पचास रुपए गज होती, दस हजार की। और हमने तब खरीदी तीन हजार में।

सीतानाथ : *(हँसकर)* उसी का तो सहारा है। कभी कोई झंझट-मुसीबत आ पड़े तो, कम-से-कम जमीन बेचकर—

कनक : *(तीव्र विरोध के स्वर में)* नहीं, कभी नहीं !

सीतानाथ : वाह, मुसीबत क्या कहकर आती है ?

कनक : नहीं, चाहे जैसी मुसीबत पड़े, जमीन नहीं बेची जाएगी।

सीतानाथ : मान लो, तुम्हीं बहुत बीमार पड़ जाओ–

कनक : पड़ने दो। जमीन नहीं बेचने पाओगे।

सीतानाथ : इलाज नहीं किया जाएगा ?

कनक : करना। ज्यादा-से-ज्यादा बैंक में कुछ नहीं जमा होगा। मगर जमीन बेचना–

सीतानाथ : अच्छा मान लो, मुझे कोई ऐसी बीमारी हो जाए जिसमें–

कनक : क्या सब बेकार बात कर रहे हो–

सीतानाथ : बेकार बात क्यों ? आदमी की जिन्दगी में–

कनक : नहीं, मैं वह बात नहीं सुनना चाहती।

[सीतानाथ हारकर चुप हो जाता है। इस तरह से हारकर चुप हो जाने की जैसे उसे आदत पड़ गई है।]

सीतानाथ : अच्छा, अपने मकान का इतना शौक तुम्हें क्यों है ?

कनक : तुम तो जानते हो।

सीतानाथ : जानता हूँ ? नहीं, शायद नहीं जानता।

कनक : कितनी बार तो बता चुकी हूँ।

सीतानाथ : *(कुछ-कुछ अपने आपसे)* हाँ, बता चुकी हो। मगर मैं अभी तक ठीक समझ नहीं पाता।

कनक : समझ पाते अगर मेरी तरह बड़े हुए होते।

[सीतानाथ चुप बैठा रहता है। कनक कमरे में निरुद्‌देश्य-सी चक्कर काटने लगती है। कमरे की वस्तुओं को, छोटे-मोटे साज-सरंजाम को, उसकी आँखें, उसके हाथ छूते चलते हैं, जैसे सूचित कर रहे हों यह हमारी मेज है, ये कुर्सियाँ, यह किताबों की आलमारी, किताबें, फूलदान, ये दरवाजों के परदे, अब हमारे ही हैं। खुद हमारे अपने–स्वयं कनक के।]

अपनी कहने लायक कोई चीज कभी नहीं मिली। कमरा तो दूर की बात–साड़ी, ब्लाउज–कुछ नहीं। अपनी कहने को एक कंघी तक न थी। हर चीज में तीनों बहनों का हिस्सा था। हर चीज। थीं ही कितनी चीजें ? एक टूटा आईना–वह आईना मेरे ही हाथ से टूटा था, जिसके लिए खूब मार पड़ी थी। मुझे याद नहीं, बस दरार-पड़े आईने की याद है। बड़ी जीजी से सुना था। बड़ी जीजी मर गईं, ससुराल में मार खाते-खाते और बैल की तरह पिसते-पिसते। माँ रोतीं। और खाँसतीं। खाँसी के साथ खून आ जाता। फिर माँ मर गईं।

इलाज का बहाना तक न हुआ। बड़ी जीजी भी मर गईं। और छोटी जीजी तो– *(अचानक चुप हो जाती है)*।

सीतानाथ : रहने दो वे सब बातें।

कनक : *(जैसे अपने आपसे)* बीच-बीच में लगता है—छोटी जीजी ने ठीक ही किया।

सीतानाथ : तुमसे भी ज्यादा ?

कनक : मेरे साथ तुलना मत करो। मेरी जैसी तकदीर छोटी जीजी की न थी।

सीतानाथ : *(हँसकर)* तुम्हारी क्या तकदीर निकली ?

कनक : *(उसकी बात पर कोई ध्यान न देकर)* छोटी जीजी को पति न सही—पर रहने का ठीहा तो मिला है। पहनने लायक कपड़े मिलते हैं। दोनों वक्त भरपेट खाना मिलता है। क्यों न जातीं ? मुझे लगता है—ठीक किया चली गईं। लोग चाहे जो कहते रहें।

सीतानाथ : मैंने कुछ कहा है ? तुम्हीं तो बीच-बीच में खरी-खोटी सुनाती हो छोटी जीजी को।

कनक : भूल करती हूँ। तुम हो, सिर पे छत है, खाना-पहनना जुटता है—सिर्फ यही नहीं, जमीन अपनी हो गई, मकान बन जाएगा—मकान, अपना निज का मकान। इसीलिए समझ नहीं पाती। जब भी सोचती हूँ--यह सब अगर न होता, और—कोई आकर कहता—तुम्हें खाना दूँगा, कपड़ा दूँगा—

सीतानाथ : ये बातें रहने दो।

कनक : *(बिना सुने)* जैसे छोटी जीजी से कहा था—

सीतानाथ : कनक !!

कनक : *(नींद से उठे व्यक्ति की भाँति)* ऐं ?

सीतानाथ : छोड़ो न ये सब बातें।

कनक : *(कुछ देर बिना समझे देखते रहने के बाद)* बापू जिन्दा होते, तो कभी ऐसा न होने देते। बापू के रहते—जैसे भी हो छोटी जीजी—

सीतानाथ : *(अकारण कर्कश स्वर में)* कौन कह सकता है ?

कनक : *(स्तम्भित होकर)* क्या कह रहे हो तुम ? बापू के रहते छोटी जीजी को उस रास्ते जाना पड़ता ?

सीतानाथ : पता नहीं।

कनक : *(फिर जैसे अपने आपसे)* मैंने कहा था—बापू को यहीं ले

आओ। अस्पताल में भरती मत करो। तुमने सुना ही नहीं।

सीतानाथ : *(प्रायः कठोर स्वर में)* अस्पताल आग लगकर जल जाएगा, मैं यह जानता था ?

कनक : जलकर मर गए। एक बार उन्हें देख तक न सकी। तुम एक दिन भी—एक बार भी मुझे अस्पताल—

[सीतानाथ हड़बड़ाकर उठ पड़ता है।]

सीतानाथ : मैं जरा घूम आऊँ।

कनक : ऐं ?

सीतानाथ : मैं अभी टहलकर आता हूँ।

कनक : कहाँ जाओगे ?

सीतानाथ : राजेन के अड्डे पर—जरा गप कर आऊँ।

कनक : वह अड्डा तो तुम्हें अच्छा नहीं लगता, कहते हो ?

सीतानाथ : अच्छा न लगने से ही क्या हर चीज छोड़ी जा सकती है ? पुराने यार-दोस्त—

कनक : तो जरूर जाओ। मैं क्या मना करती हूँ ? बस—नहा जाते तो अच्छा था। बाद में पानी नहीं मिलेगा।

सीतानाथ : नहा जाऊँ ? अच्छी बात है। यह काम—पूरा कर ही डालूँ। हाँ, बाद में पानी नहीं मिलेगा, ठीक कहती हो।

[भीतर जाता है, करीब-करीब भागकर। तभी दरवाजे पर खट-खट होती है। कनक दरवाजा खोलती है।]

आगन्तुक : सीतानाथ चक्रवर्ती घर पर हैं ?

कनक : हाँ, बुलाती हूँ।

[सीतानाथ का प्रवेश। उसने कुरता उतार दिया है।]

सीतानाथ : कौन ?

आगन्तुक : आपका नाम सीतानाथ चक्रवर्ती है ?

[सीतानाथ उत्तर नहीं देता। कोई एक बात वह समझ जाता है। कोई डरावनी बात है। लगता है तेजी से कुछ सोच रहा है। अचानक जैसे चौंककर कनक की ओर मुड़ता है।]

सीतानाथ : कनक, देखना जरा भीतर—मेरे कुरते की जेब में एक वह है—एक कागज है जरूरी—देखना जरा—

कनक : *(भीतर के दरवाजे पर जाकर)* क्या कागज ?

सीतानाथ : एक चिट्ठी—टाइप की हुई—नहीं मिले तो जरा ढूँढ़ना, बक्से में देखना—

[कनक का प्रस्थान]

आगन्तुक : आप ही सीतानाथ चक्रवर्ती हैं न ?

सीतानाथ : *(बनावटी स्वाभाविकता से)* ऐं ? नहीं, सीतानाथ चक्रवर्ती किराएदार थे यहाँ पहले। चले गए हैं।

आगन्तुक : चले गए हैं ?

सीतानाथ : हाँ, बहुत दिन हो गए। छह महीने हो गए होंगे। क्यों, क्या बात है ?

आगन्तुक : अदालत का सम्मन है। आपकी रेहन जमीन के मुकदमे में–

सीतानाथ : मेरी जमीन ? मेरी जमीन कहाँ से आई ? सीतानाथ की–

आगन्तुक : क्यों परेशान कर रहे हैं, साहब ? बारह बरस से कचहरी में नौकरी करता हूँ। आप सोचते हैं, कुछ समझता नहीं।

सीतानाथ : क्या समझते हैं, क्या नहीं समझते, मुझे नहीं पता। मेरा नाम सीतानाथ चक्रवर्ती नहीं है।

आगन्तुक : झूठ-मूठ बेकार बात से कोई फायदा नहीं, जनाब। बाकायदा आपको पहचनवा लिया गया है–जब आप सामान खरीदकर लौटे–

सीतानाथ : किससे पहचनवा लिया है ?

आगन्तुक : यह तो आपके जानने की बात नहीं।

सीतानाथ : जरूर है। कहाँ के किस आदमी ने–

आगन्तुक : अजी जनाब, खुद आपकी बीवी ने कहा–

सीतानाथ : हरगिज नहीं, आपने न जाने क्या सुन लिया–

[कनक का प्रवेश]

कनक : कहाँ है, मुझे तो नहीं मिली।

आगन्तुक : आप खुद ही आ गईं, बताइए तो–इनका नाम सीतानाथ चक्रवर्ती नहीं है ?

सीतानाथ : *(बात को दबाते हुए)* नहीं मिली ? बक्से में जरा देखो न, अच्छी तरह से–

आगन्तुक : *(दबने वाला नहीं–इस भाव से)* मेरे पूछने पर आपने नहीं कहा था–

सीतानाथ : *(चीखकर)* बन्द करो बकवास। क्या है, लाओ दो।

[यह 'लाओ दो' कहना ही गलत हो गया। आगन्तुक सम्मन पर हस्ताक्षर कराता है, पर 'तुम' सम्बोधन का अपमान सहन नहीं कर पाता।]

आगन्तुक : जबान सँभालकर बोलिए, जनाब। कचहरी का अमीन हूँ,

इसी से 'तुम' कहने का कोई हक नहीं है आपको–

सीतानाथ : बस, बस। चुप रहो।

कनक : *(अस्फुट स्वर में)* कचहरी का अमीन ?

आगन्तुक : *(और भी गरम होकर)* चुप क्यों रहूँ, जी ? मेरे घर का काम है ? अदालत के हुक्म से सम्मन देने आया हूँ। चुप कराने वाले आप कौन होते हैं ? कर्ज में रेहन जमीन का मामला–और मुझसे कहते हैं–

सीतानाथ : *(चीखकर)* हो चुकी वह बात–और कुछ मैं नहीं सुनना चाहता।

आगन्तुक : रौब ! रौब झाड़ते हैं ! बड़े नवाब कहीं के–

[बड़बड़ करता हुआ चला जाता है। निस्तब्धता छा जाती है।]

कनक : *(कोशिश करके)* जमीन–जमीन–जमीन नहीं रही ?

सीतानाथ : *(घूमकर सामने खड़े होकर)* किसने कहा जमीन नहीं रही ?

कनक : कचहरी–कचहरी का सम्मन–कर्ज–

सीतानाथ : सब झूठ है ! झूठा, लफंगा आदमी, बेसिर-पैर की झूठी बातें बककर–

[पर कनक के राख-जैसे सफेद चेहरे पर नजर पड़ते ही सीतानाथ की आवाज ढीली होने लगती है।]

कनक : *(पहले की ही भाँति)* जमीन नहीं रही ?

सीतानाथ : *(पास जाकर अनुनय के स्वर में)* कनक, सुनो–मेरा दोस्त–मेरा बचपन का एक दोस्त–बड़ी मुसीबत में फँस गया था। कनक–कर्ज के सिवा कोई चारा न था–बस एक महीना। कनक–महीने भर बाद वह चुका देगा रुपए–

कनक : कितने रुपए ?

सीतानाथ : दो हजार। महीने भर में–एक महीना भी नहीं–

कनक : *(अचानक आर्तनाद करके)* नहीं ! नहीं ! जमीन मत जाने देना ! बैंक से रुपए निकालकर दे दो। अभी दे दो ! देर मत करो। जमीन–जमीन मत छीनने देना–

[बैंक का नाम लेते ही सीतानाथ अनचाहे ही चौंक उठता है। मगर कनक की उस पर नजर नहीं पड़ती।]

सीतानाथ : *(बनावटी निश्चिंतता के साथ)* हाँ, जरूर ! मैंने भी यही सोच रक्खा है–बैंक से निकालकर दे दूँगा। यह कह भी दिया था–फिर भी क्यों ये सम्मन-फम्मन–बस परेशान

करने के लिए–

[सीतानाथ की बातों का अत्यधिक निश्चित स्वर ही फिर कनक को पत्थर बना देता है। एक अनुभूति–एक डरावनी अनुभूति उसे जकड़ लेती है।]

कनक : बैंक–बैंक के रुपए भी क्या–

सीतानाथ : बैंक के रुपए क्या ? बैंक में तीन हजार से ऊपर रुपया है–चिन्ता क्या है ?

कनक : बैंक में रुपए रहते तुमने जमीन रेहन क्यों रक्खी ? तुमने–तुमने–सब–सब रुपया–

सीतानाथ : कनक, क्या पागलों की तरह–

कनक : *(विक्षिप्त चीत्कार के साथ)* कुछ नहीं बचा ? जमीन, रुपया, कुछ भी नहीं बचा ? सब गया ?

सीतानाथ : सब है, कनक–बैंक में तीन हजार–

कनक : झूठ है ! झूठ है !

[कनक झपटकर मेज की दराज खोलने की कोशिश करती है। उसका ताला बन्द है। वह दराज को झटके देने लगती है और एक स्वर में चीखती जाती है।]

कनक : झूठ है ! झूठ है ! झूठ है !

[सीतनाथ कनक को मेज के पास से हटाने की कोशिश करता है। समझाने की कोशिश करता है। पर कनक जैसे पागल हो गई है। एक झटके से दराज अचानक खुल जाती है। कागज-पत्र चारों तरफ बिखर जाते हैं। सीतानाथ के कुछ कर सकने के पहले ही कनक झपटकर बैंक की पासबुक उठा लेती है। उद्भ्रान्त भाव से पन्ने पलटने लगती है। अब, इतनी देर बाद, सीतानाथ स्तब्ध हो जाता है। अब कुछ बाकी न बचा। कनक भी जड़ हो जाती है। धीरे-धीरे सिर उठाती है। पासबुक को एक रद्दी कागज की भाँति फाड़कर फेंक देती है। उसके बाद सोने के कमरे में चली जाती है।]

सीतानाथ : कनक !

[लपककर सोने के कमरे के दरवाजे की ओर जाता है। पर कनक दरवाजा भीतर से बन्द कर लेती है। सीतानाथ दरवाजे को जोर से पीटने लगता है। उसकी आँखों में भय है।]

कनक ! दरवाजा खोलो ! कनक ! मेरी बात सुन लो। सारी बात तो सुन लो ! कनक ! मैं वादा करता हूँ—सब ठीक हो जाएगा। कसम खाकर कहता हूँ। सब—सब ठीक हो जाएगा। दरवाजा खोलो !

[कनक का कोई उत्तर नहीं। सीतानाथ छटपटाता हुआ कमरे में चक्कर काटता है। फिर एक बार झपट कर दरवाजे पर आता है।]

(फटी हुई विकृत आवाज में) कनक ! खोल दो—नहीं तो दरवाजा तोड़ डालूँगा !

[अचानक दरवाजा खुल जाता है। कनक बाहर आती है। उसका चेहरा शान्त पर आच्छन्न है। साड़ी को बाहर जाने के लिए उपयुक्त ढंग से उलटकर पहन लिया है। पैरों में चप्पल है। हाथ में बैग है। सीतानाथ जैसे कनक को जीवित देखने की खुशी में कुछ ठीक से समझ नहीं पाता।]

कनक ! *(मानो कनक को कसकर पकड़ लेगा। पर कनक बचकर पास से निकलती हुई सधे कदमों से कमरे को पार करके सदर दरवाजे से बाहर निकल जाती है। विस्मित सीतानाथ रोकने की बात भी नहीं सोच पाता। फिर चकित होकर)* कनक ! *(दौड़कर सदर दरवाजे पर जाता है।)* कनक ! कनक !

[मगर कनक चली गई है। सीतानाथ लपककर सोने के कमरे में जाता है और फौरन कुरता पहनता हुआ लौटता है। बाहर जाना चाहता है कि खुले सदर दरवाजे पर एक दुबला-पतला बूढ़ा व्यक्ति प्रकट होता है। सूखे हुए-से चेहरे पर सिर्फ दो आँखें जलती-सी दिखाई पड़ती हैं। उन आँखों में कुछ स्वार्थपूर्ण क्रूरता है और कुछ उन्मत्तता। सीतानाथ जैसे पत्थर हो जाता है।]

आप ! आप यहाँ क्यों ?

[बूढ़ा हँसता है। हँसी और भी डरावनी है।]

बूढ़ा : डर नहीं, भैयाजी। छिपा बैठा था। कनक को जाते देख लिया, तभी पैर रक्खा है।

सीतानाथ : आपने वादा किया था--घर पर कभी नहीं आएँगे—

बूढ़ा : आने के सिवाय कोई चारा न था, भैयाजी। पहले कभी आया हूँ ?

सीतानाथ : आप जाइए। दफ्तर में आइएगा।

बूढ़ा : दफ्तर में ही तो हमेशा आता हूँ, भैया। आज इतवार है।

सीतानाथ : कल आइएगा।

बूढ़ा : कल से काम न चलेगा, भैया। मुझे आज ही दस रुपए चाहिए–नहीं तो मर जाऊँगा।

[सीतानाथ विचित्र दृष्टि से उसे ताकता रहता है।]

सीतानाथ : मर जाएँगे ? नहीं। आपको मौत नहीं। रोज मनौती की है–आप मर जाएँ। मर जाएँ। कनक जो जानती है वही सच हो जाए।

बूढ़ा : इसमें कनक को क्यों घसीटते हो, भैया ? दस रुपए फेंको। कनक को कुछ न जानने दूँगा।

सीतानाथ : दस रुपए ! मेरी जमीन गई। बैंक के रुपए–सब गए ! किसलिए ? एक झूठ को बचाए रखने के लिए ?

बूढ़ा : झूठ तो तुम्हारे ही काम से चालू है। मैं तो बराबर कहता रहा हूँ–इस लुका-छिपी की कोई बात नहीं–

सीतानाथ : *(प्रायः क्रुद्ध होकर)* आप कहते रहे हैं ! आप ! बेशर्म शैतान ! चोरी करके जेल गए ! बीवी को मार डाला ! लड़की को मार डाला ! और दूसरी लड़की को कुएँ में धकेल दिया ! बस बाकी एक लड़की के दिल को टूटने से बचाने के लिए मैं इतने दिन से–राक्षस कहीं के ! कहते हैं–लुका-छिपी की जरूरत नहीं।

[बूढ़ा निर्विकार है। पर आँखों में और भी क्रूरता उभर आती है।]

बूढ़ा : गरम क्यों होते हो, भैयाजी ?

सीतानाथ : एक पैसा नहीं मेरे पास ! एक पैसा बाकी नहीं। जमीन भी गई। रोज-ब-रोज रुपए देता रहा हूँ, बस इसी उम्मीद में कि आप मरेंगे। मरकर हमें बचाएँगे। कनक को कुछ भी न जानना पड़ेगा। पर यह न हो सका। वह सब जान गई। मेरा सबकुछ लुट गया ! और आप आए हैं बेटी को अपना चेहरा दिखाने !

बूढ़ा : नहीं, बिल्कुल नहीं–मैं बस–

सीतानाथ : *(बिना सुने)* बेटी से कहने–देखो ! मैं मरा नहीं ! शरीफ आदमी की तरह अस्पताल में आग लगने से नहीं मरा ! अस्पताल नहीं–मैं जेल गया था। चोरी करके जेल गया था।

जेल से निकलकर अफीम खाने लगा हूँ। जुआ खेलने लगा हूँ। तुम लोगों के पैसे से। तुम्हारे पति ने झूठ बोलकर ये सब बातें तुमसे छिपा रक्खी हैं। तुम्हारा बाप क्या है—यह बताकर तुम्हारी जान लेने के बजाय, मुझे अफीम खाने के लिए पैसा देता रहा है। उसी में सबकुछ लुटा दिया है।

बूढ़ा : कुछ नहीं कहूँगा मैं कनक से। कुच्छ भी न जानने दूँगा। तुम बस दस रुपए—

सीतानाथ : रुपया ! एक पैसा नहीं मेरे पास ! निकल जाइए आप !

बूढ़ा : तो कल दफ्तर में ही आऊँगा। बैंक से निकाल लेना।

सीतानाथ : बैंक ?

बूढ़ा : बैंक में भी नहीं ? सच कहते हो ?

सीतानाथ : आप निकल जाइए !

[बूढ़ा खोजती हुई दृष्टि से देखता है। समझ जाता है कि सीतानाथ सच ही कह रहा है। उसके बाद हायना की तरह हँसता है।]

बूढ़ा : फिर तो अब बड़ी बेटी के घर ही जाना पड़ेगा—क्या राय है ?

सीतानाथ : *(स्तम्भित होकर)* आपको—आपको क्या रत्ती भर शर्म नहीं ?

बूढ़ा : भैया, बुढ़ापे में गरीब होने पर बेटी-जमाई के आगे हाथ पसारना—इसमें—

सीतानाथ : जमाई !

बूढ़ा : यह लो ! जमाई से भी अच्छा एक तरह से। पैसा खूब। बीना शुरू से ही कनक से ज्यादा समझदार है। *(सीतानाथ अवाक है)* मगर तुम्हारा पैसा खत्म हो गया, अब कनक को अक्कल आएगी।

सीतानाथ : *(चीखकर)* चोऽप ! झूठ ! शैतान !

बूढ़ा : सच-झूठ सब जल्दी ही समझ जाएगी। पर वह बात छोड़ो। कम-से-कम पाँच रुपए ही कहीं से ढूँढ़कर नहीं दे सकते ? देखो न जरा ! जाऊँ मैं ? *(सीतानाथ उसकी ओर देखता रह जाता है)* नहीं हैं ? *(बूढ़ा बड़े इत्मीनान से चारों ओर नजर डालता है। किताबों की अलमारी पर जो चीज सबसे कीमती लगी उसे हाथ में उठा लेता है)* तो फिर और क्या ? इसे ही बेचकर देखता हूँ, कितने पैसे आते हैं।

[ठीक इसी समय कनक कमरे में प्रवेश करती है। बूढ़ा

तुरन्त घूमकर हाथ की वस्तु से ओट करके खड़ा रहता है। कनक एक नजर बूढ़े पर डालती है, पर उसकी अवस्था उस तरफ ध्यान देने योग्य नहीं है। वह कुछ कहे बिना भीतर चली जाती है। बूढ़ा टेढ़ी नजर से सीतानाथ की ओर देखकर हँसता है, होंठों पर उँगली रखकर गोपनीयता का इशारा करता है। उसके बाद हाथ की चीज सीतानाथ को दिखाकर कपड़ों में छिपाता हुआ बाहर निकल जाता है। पल भर बाद ही कनक आती है। कन्धे पर एक कपड़े का थैला है। गुड़ी-मुड़ी करके कुछ साड़ी-ब्लाउज उसमें किसी तरह ठूँसे गए हैं।]

सीतानाथ : कहाँ जा रही हो ?

कनक : चली जा रही हूँ।

सीतानाथ : चली जा रही हो ? कहाँ ?

कनक : उससे तुम्हें क्या मतलब ?

सीतानाथ : तुम्हारे लिए क्या जमीन-मकान ही सबसे बड़ी चीज है ? मैं कुछ नहीं ?

कनक : *(कुछ चुप रहकर)* तुम ? तुम्हीं तो सबकुछ थे—जमीन, मकान सब। तुम्हीं ने दिया था सबकुछ, फिर तुम्हीं ने सबकुछ नष्ट कर दिया।

सीतानाथ : पर मैं तो हूँ।

कनक : नहीं, अब तुम भी नहीं हो। झूठ बोल-बोलकर, चोरी कर-करके—तुम भी नष्ट हो गए हो। जमीन, मकान, तुम—सब चला गया। स—ब।

सीतानाथ : तुम कहाँ जा रही हो ?

कनक : सुनना चाहते हो ? सुनना अच्छा लगेगा ?

सीतानाथ : बता दो।

कनक : जिस रास्ते छोटी जीजी गईं।

सीतानाथ : कनक !

कनक : सच ही बताया है। वही है हम लोगों का रास्ता। वही सच है। तुम झूठ थे।

सीतानाथ : कनक—तुम—

कनक : नहीं, और कुछ मत कहो। सब कहना-सुनना बेकार है। तुम अपने रास्ते पर रहो। मुझे अपने रास्ते जाने दो। हम लोगों के रास्ते। छोटी जीजी और मेरे—

सीतानाथ : मगर छोटी जीजी के घर तुम—

कनक : छोटी जीजी के घर नहीं। छोटी जीजी के रास्ते कहा मैंने।

सीतानाथ : क्या मतलब है तुम्हारा ?

कनक : *(कुछ देर एकटक देखकर)* बाद में, अपने आप ही जान जाते। फिर भी सुनना ही चाहते हो तो सुनो। मैं निखिलजी के पास जा रही हूँ।

सीतानाथ : *(जैसे बात को समझ न सका हो)* निखिल ?

कनक : हाँ, निखिल। तुम्हारा अमीर दोस्त निखिल। सब समझ-बूझकर ही जा रही हूँ—समझाने की कोशिश मत करो।

सीतानाथ : निखिल।

कनक : निखिलजी ने कहा था—अगर कभी सचमुच जरूरत पड़े तो उनसे कहूँ। आज वह जरूरत आ पड़ी है।

[सीतानाथ खोया-सा है जैसे कुछ भी उसके मस्तिष्क में नहीं घुस रहा हो।]

सीतानाथ : निखिल !

[कनक दरवाजे के पास पहुँच जाती है। सीतानाथ को जैसे पता ही नहीं चलता। कनक घूमकर खड़ी होती है।]

कनक : शायद इतनी जरूरत में भी न जा पाती—तुम नहीं, तो भी न जा पाती—अगर बापू जिन्दा होते। *(शायद यही कहा जाना बाकी बचा था)* तुम्हें पकड़े, एक झूठ को पकड़े, रही आती—बस बापू के सामने अपनी इ़ज्जत रखने के लिए। पर बापू भी नहीं रहे। अब मुझे शर्म नहीं।

[कनक चली जाती है। सीतानाथ खोया-सा बैठा रहता है। फिर उठकर अनिर्दिष्ट भाव से चक्कर काटता है। उसके बाद ऊपर की ओर ताकता है। कमरे की छत में जैसे कुछ खोजता है। सम्मोहित की भाँति रसोईघर में जाता है, लौटकर बाहर आता है। हाथ में एक लम्बी सन की रस्सी है। रस्सी हाथ में लिये फिर एक बार छत की ओर ताकता है।]

[परदा धीरे-धीरे गिरता है।]

दूसरा अंक

[वासन्ती कहानी पढ़कर सुना रही है। शरद ढीला-सा बैठा सुन रहा है।]

वासन्ती : कनक चली गई। सीढ़ी के ऊपर उसके पैरों की आहट हल्की होती हुई अन्य कई ध्वनियों की तरंगों में मिल गई। सीतानाथ अभिभूत-सा बैठा रहा। पाँच मिनट। दस मिनट। कौन जाने कब तक। शायद कुछ पल ही। रसोईघर की खूँटी पर कुंडली बनी लटकी लम्बी रस्सी को आज सवेरे ही सीतानाथ ने देखा था। रस्सी अब उसके हाथ में है। कब वह रसोईघर में जा पहुँचा, उसे पता नहीं। कब रस्सी को उतारकर इस कमरे में लौट आया—सीतानाथ नहीं जानता। केवल जानता है रस्सी उसके हाथ में है। और जानता है कि एक टेढ़ा-सा लोहे का कुंडा—ऊपर कड़ी में लगा है।

[कहानी समाप्त हो जाती है। वासन्ती कापी बन्द करके उत्सुक दृष्टि से शरद की ओर देखती है। शरद उठता है। चश्मा उतारकर पोंछता है। फिर लगा लेता है।]

क्यों ?

शरद : ऐं ?

वासन्ती : कुछ कहोगे नहीं ?

शरद : तुम्हारा सम्पादक शायद—

वासन्ती : सम्पादक की बात सम्पादक कहेगा। तुम अपनी बात बताओ।

शरद : थोड़ी—नाटकीय नहीं हो गई है ?

वासन्ती : *(मन-ही-मन निरुत्साहित होकर)* पर आत्महत्या घटना ही नाटकीय है !

शरद : हाँ, कह सकती हो। मगर तुम्हारी कहानी में नाटकीयता कहीं-कहीं जैसे बनावटी हो उठी है।

वासन्ती : जैसे ?

शरद : जैसे यही कि एक झूठ को बचाने में सीतानाथ ने सबकुछ लुटा दिया—यह क्या बहुत सच्चा लगता है ? यानी क्या आम साधारण लोग ऐसा करते हैं ?

वासन्ती : आत्महत्या भी तो आम साधारण लोग नहीं करते।

शरद : पर सीतानाथ साधारण नहीं है, यह भी तो कहीं साफ-साफ नहीं दिखाया तुमने।

वासन्ती : हाँ, यह ठीक है।

शरद : इसके अलावा ऐसी बात क्या इतने दिनों अपनी पत्नी से छिपाई जा सकती है ?

वासन्ती : यह कौन कह सकता है ? तुम नहीं छिपा पाते—इतना कह सकती हूँ।

शरद : अच्छा, यह छोड़ो। मगर छिपाता क्यों है ? सिर्फ कनक के लिए ?

वासन्ती : 'सिर्फ कनक' क्यों कह रहे हो ? मैं यह मानकर चली हूँ कि कनक के सिवाय सीतानाथ की दुनिया में और कुछ था ही नहीं ?

शरद : और अन्त में कनक भी नहीं रही—यही न ?

वासन्ती : हाँ, ठीक। क्या ऐसा नहीं होता ?

शरद : शायद होता है। मगर—अच्छा कनक—कनक को तुम क्या दिखाना चाहती हो ?

वासन्ती : तुम्हें क्या दीखा ?

शरद : कनक निखिल के पास चली गई—यह क्या रुपए के लिए ? या निखिल को सचमुच प्यार करती थी इसलिए ?

वासन्ती : कनक किसी को भी सचमुच प्यार नहीं करती। न निखिल को, न सीतानाथ को। बचपन की लगातार गरीबी ने उसे बस एक ही बात सिखाई—गरीबी से छुटकारा पाने की इच्छा। रुपए का लालच नहीं, भरोसे के ठौर-ठिकाने का लालच।

शरद : यह कारण हो सकता है, मगर—

वासन्ती : मगर कहानी तुम्हें अच्छी नहीं लगी, यही न ?

शरद : नहीं, नहीं, यह नहीं ? पर—मैं होता तो बात को ऐसे न रखता।

वासन्ती : कैसे रखते ?

शरद : मेरी राय में—कोई आत्महत्या करता है, तो समझना चाहिए

कि कहीं किसी अस्वाभाविकता ने उसके मन में डेरा डाल रक्खा था। बहुत दिन से। यानी वह बीमार था।

वासन्ती : एकाएक गहरा धक्का लगने पर भला-चंगा आदमी आत्महत्या नहीं कर सकता ?

शरद : शायद कर सकता है। पर मैं घटना को उस तरह नहीं देख पाता। खासकर इस मामले में।

वासन्ती : इसका मतलब है तुम्हें जरूर कोई बात सूझी है।

शरद : *(हँसकर)* झूठ क्यों बोलूँ—सबेरे से यही सोच रहा हूँ। लेख जरा भी नहीं लिखा गया। सीतानाथ को निकाल नहीं सका मन से।

वासन्ती : क्या सोचते रहे ?

शरद : मान लो—सीतानाथ अगर—

वासन्ती : नहीं ठहरो, बताओ मत, लिख डालो।

शरद : लिखूँगा क्या ? मैं कोई कहानी लेखक हूँ ?

वासन्ती : लेखक क्या, जैसा बने वैसा लिखो।

शरद : अरे हटाओ—

[पर वासन्ती शरद के हाथ में कागज थमा देती है।]

वासन्ती : लिखो, लिखो। तुम्हें जो सूझा है उससे शायद और भी अच्छी कहानी बन जाए।

शरद : ठीक है, मैं बताता हूँ, सुनो न—

वासन्ती : ऐसे नहीं होता। लिखना पड़ेगा तो और भी बारीकी से सोचोगे। लिख डालो न भई, क्यों ऐसे कर रहे हो ?

शरद : अभी ?

वासन्ती : हाँ, अभी।

शरद : तुम तो कहती थीं मनी के घर चलोगी ?

वासन्ती : वह तो शाम को। अभी बहुत देर है। और वहाँ तो कल भी जा सकते हैं। लिखो, लिखो।

शरद : तुम ?

वासन्ती : मुझे ढेरों काम हैं। सबेरे से कुछ हुआ ही नहीं कहानी के चक्कर में। मसहरी, चद्दरें धोनी हैं, कमरे ठीक-ठाक करने हैं। सिलाई-फिलाई—बहुत काम है।

[वासन्ती भीतर चली जाती है। शरद थोड़ी देर सोचता है, फिर अखबार छोड़कर उठ पड़ता है।]

शरद : हिश्ट, ऐसे कहीं होता है ! ओ वासन्ती ! *(वासन्ती का उत्तर*

नहीं आता) सुनती हो ? वासन्ती !

[फिर भी कोई उत्तर नहीं। शरद धीरे-धीरे मेज पर लौट आता है। सोच में पड़ा है। एक किताब निकालता है। फिर उसे रख देता है। इधर-उधर टहलता है। उसके बाद एकाएक बैठकर लिखना शुरू कर देता है। प्रकाश धीरे-धीरे कम हो जाता है। अँधेरे में शरद बाहर चला जाता है।]

[फिर से प्रकाशित होने पर मंच खाली है। दरवाजे पर खटखट की आवाज ! कनक रसोईघर से निकलकर दरवाजा खोल देती है। विजय का प्रवेश।]

कनक : क्या मामला है ? आपका तो पता ही नहीं ?

विजय : *(हँसकर)* बस दो ही दिन तो नहीं आया।

कनक : खूब छाँटकर दो दिन नागा की है !

विजय : क्यों ? क्या हुआ ?

कनक : कुछ नहीं, बैठिए।

विजय : सीतानाथ कहाँ है ?

कनक : नहाने गए हैं। बैठिए न।

विजय : 'खूब छाँटकर दो दिन' क्यों कहा ?

कनक : ये दो दिन से ठीक नहीं हैं।

विजय : क्या हुआ ? बीमार ?

कनक : नहीं, शरीर से नहीं। बड़े परेशान हैं।

विजय : *(कुछ रुककर)* पहले की तरह ?

कनक : नहीं, उतने नहीं—अभी तक—मगर— *(रुक जाती है)*

विजय : क्या बात हुई, कुछ पता है ?

कनक : नहीं। परसों स्कूल से एक किताब लाए। रात को बहुत देर तक पढ़ते रहे। तब से बड़ी छटपटाहट में हैं। बाकी रात सोए, नहीं के बराबर। कल भी ऐसे ही—

विजय : क्या किताब है ?

कनक : पता नहीं। मुझे दिखाना नहीं चाहते थे। छिपा-छिपाकर रख रहे थे। मैंने भी जानना नहीं चाहा।

विजय : है किताब घर में ?

कनक : *(कुछ चुप रहकर)* वही तो बात है !

विजय : क्या बात ?

कनक : बहुत सबेरे आँख खुली तो कमरे में नहीं थे। रसोईघर में कुछ

खड़खड़ाहट सुनाई पड़ी। जाकर देखा, किताब के पन्ने फाड़-फाड़कर जला रहे हैं। मेरी आहट पाकर इस तरह देखने लगे—मैं डर गई।

विजय : कुछ पूछा नहीं तुमने ?

कनक : हिम्मत नहीं हुई। एक बार देखकर फिर पन्ने जलाने में लग गए। सिर उठाए बिना ही बोले, जाओ सो जाओ। मैं—मैं चली आई।

विजय : फिर ?

कनक : कल भी सारी शाम घर में चक्कर काटते बिताई। कई बार बोले—विजय आया क्यों नहीं ? सच, आपके ऊपर इतना गुस्सा आ रहा था कल—बस बार-बार लगता है आप आएँ तो जान बचे।

विजय : मैं अटक गया था।

कनक : कल रात भर—*(चुप हो जाती है)*

विजय : क्या ? सोया नहीं ?

कनक : नहीं। सोए थे, सोए थे थोड़ी देर। मगर—

विजय : नींद में बड़बड़ाता था फिर ?

कनक : हाँ।

विजय : क्या ?

कनक : ज्यादातर तो समझ ही न सकी—

विजय : जितना समझीं, बताओ।

कनक : ऐसी ही सब बेकार की बातें—

विजय : *(कुछ चुप रहकर)* कनक !

कनक : क्या ?

विजय : सीतानाथ के सोते-सोते बोलने से तुम्हें डर लगता है। पर क्या बोलता है यह बताना क्यों नहीं चाहतीं ?

कनक : बताया तो—

विजय : समझता हूँ, कोई ऐसी बात है जो तुम छिपाना चाहती हो—

कनक : नहीं, विश्वास कीजिए, विजय भाई—

विजय : मगर तुम्हें तो पता है—मैं क्यों जानना चाहता हूँ ? *(कनक चुप रहती है)* सीतानाथ के विद्यार्थी, सहयोगी, मित्र—सब उस पर श्रद्धा रखते हैं। ऐसे भी बहुत हैं—जो उसे देवता मानते हैं। बस तुम जानती हो, और मैं जानता हूँ—सीतानाथ बीमार है।

कनक : मगर इसको क्या—बीमारी कहेंगे—

विजय : अगर इसे बीमारी नहीं समझतीं तो इतना डरती क्यों हो ? *(कनक चुप है)* पिछली बार देख चुका हूँ—चार-पाँच दिन तक सीतानाथ जैसे किसी और ही दुनिया में था। बात का उत्तर तक न देता था। सारे दिन अनमना। रात को—तुम्हीं ने बताया था—रात को सोता नहीं था ! और जितनी देर सोता—अनाप-शनाप बकता रहता। तुम्हीं ने बताई थी यह बात। बस नींद में क्या कहा—यह मुझे नहीं बता सकी थीं।

कनक : *(कुछ कमजोर पड़कर)* बताया तो था—

विजय : जो बताई वह पूरी बात नहीं थी। मैं तभी समझ गया था कि तुम कुछ छिपा रही हो। पूछा इसलिए नहीं कि बताने की होती, तो आप ही बतातीं। जरूर कोई ऐसी बात है जो—

कनक : विजय भाई, विश्वास कीजिए—छिपाने की कोई बात नहीं है। जो कुछ बोलते हैं उसका कोई सिर-पैर ही नहीं। कुछेक नाम, बातों के टुकड़े जिनका कोई मतलब ही नहीं होता—

विजय : कौन-से नाम ? क्या बातें ?

कनक : यों ही शायद किसी जगह का नाम, या—

विजय : चम्बलगढ़ ?

कनक : *(चौंककर)* आपको कैसे पता ?

विजय : कनक ! चम्बलगढ़ में क्या हुआ था ?

कनक : चम्बलगढ़ की बात आप कैसे जानते हैं ?

विजय : जैसे भी जानता हूँ—

कनक : *(कान लगाकर सुनते हुए)* ये नहा चुके ! *(जोर से)* सुनते हो ?

सीतानाथ : *(भीतर से)* क्या ?

कनक : विजय भाई आए हैं।

सीतानाथ : *(भीतर से)* आता हूँ।

कनक : *(विजय से)* शतरंज निकाल दूँ ?

विजय : नहीं। अच्छा हाँ—निकाल दो।

[कनक शतरंज की बिसात और मोहरे निकालती है। विजय अनमने भाव से मोहरे सजाने लगता है।]

कनक : मैं रसोई में लगूँ। चाय अभी दूँ, या बाद में ?

विजय : बाद में देखेंगे।

[कनक रसोईघर में चली जाती है। सीतानाथ आता है। सीतानाथ के मुख की प्रत्येक मांसपेशी तनी हुई है। दोनों

आँखों में एक लपट-सी है। प्रायः अस्वाभाविक। दृष्टि रह-रहकर बाहर की वस्तुओं को छोड़कर भीतर डूब जाती है। जैसे मन के किसी कोटर में कुछ खोज रहा हो।]

सीतानाथ : *(अनमने भाव से)* बहुत दिन से नहीं आया ?

विजय : कितने दिन ?

सीतानाथ : चार-पाँच दिन तो हुए ही होंगे।

विजय : दो दिन नहीं आया सिर्फ। कल और परसों।

सीतानाथ : दो दिन ? मुझे लगा और भी ज्यादा।

[सीतानाथ जो कह रहा है उसमें उसका मन नहीं है। उँगलियाँ शतरंज के मोहरों को हिला-डुला रही हैं–लगा नहीं रही हैं। विजय सीतानाथ को ध्यान से देख रहा है।]

विजय : *(धीरे से)* स्कूल में कोई बात हो गई ?

सीतानाथ : ऐं ? हाँ।

विजय : क्या ?

सीतानाथ : *(निश्वास के साथ)* एक लड़के को स्कूल से निकालना पड़ा !

विजय : क्या किया था उसने ?

[सीतानाथ की दृष्टि विजय की ओर घूमती है।]

सीतानाथ : जो कुछ किया था उसके लिए निकाले जाना सबसे हल्की सजा है। उसे तो सड़क पर बिजली के खम्भे से बाँधकर चाबुक मारना ठीक होता !

विजय : सीतानाथ !

सीतानाथ : क्या ?

विजय : नहीं, कुछ नहीं। तेरे मुँह से ऐसी बात सुनने की आदत नहीं है न ! तूने जीवन में किसी पर हाथ उठाया है आज तलक ?

[सीतानाथ का हाथ सहसा बिसात पर चार-पाँच मोहरे उलट देता है। वह कुर्सी छोड़कर उठ पड़ता है। अस्थिर भाव से एक ओर चला जाता है–विजय की ओर पीठ करके।]

विजय : क्या किया था ?

सीतानाथ : क्लास में–मेरी क्लास में–छिपाकर एक किताब पढ़ रहा था। एक गन्दी किताब।

विजय : गन्दी माने–अश्लील ?

सीतानाथ : *(अस्वाभाविक जोर देकर)* हाँ, अश्लील ! पर वह बाजार में खुले आम बिकती है। भारत सरकार की कृपा से।

[विजय प्रश्नसूचक दृष्टि से उसकी ओर देखता है कि दरवाजे पर दस्तक सुनाई पड़ती है।]

(जोर से) खुला है।

[दरवाजा ठेलकर विधुभूषण बाबू का प्रवेश। उम्र साठ के आसपास। शान्त सौम्य चेहरा–पर दुर्बल नहीं।]

अरे ! आप ? आप यहाँ–

विधु बाबू : क्यों ? आना मना है ?

सीतानाथ : मुझे खबर कर देते, मैं ही आ जाता !

विधु बाबू : न सही, मैं ही आ गया। क्या अन्तर है ? अभी तक इतना निकम्मा नहीं हुआ।

सीतानाथ : बैठिए। ये मेरे बचपन के मित्र विजय सेनगुप्त। आप हमारे स्कूल के मन्त्री हैं–विधुभूषण बाबू।

विधु बाबू : *(हँसकर)* मैंने सोचा था दूसरा परिचय दोगे। *(विजय से)* सीतानाथ मेरा शिष्य है। कॉलेज में मुझसे पढ़ता था।

सीतानाथ : *(नीरस स्वर में)* आप क्यों आए हैं, मैं जानता हूँ।

विधु बाबू : *(हँसकर)* इसीलिए स्कूल के मन्त्री कहकर परिचय कराया ?

सीतानाथ : मैं आपके बुलाने का इन्तजार कर रहा था। मैं तैयार ही था। आप स्वयं क्यों आए ?

विधु बाबू : हर्ज क्या है ?

सीतानाथ : हर्ज क्या है ? मेरा हर्ज है। बुला भेजने से मुझे बहुत आसानी होती।

[सीतानाथ कमरे में दूसरी ओर पीठ किए हुए है जैसे अपने को पक्का कर रहा हो।]

विधु बाबू : सीतानाथ, तुम तो जानते हो–तुम जब मेरे छात्र थे तभी से मैं तुमको कितना–तुम पर कितनी श्रद्धा रखता हूँ, कितना विश्वास करता हूँ, तुम्हें–

सीतानाथ : *(एकाएक कठोर स्वर में)* आप स्कूल के मन्त्री की हैसियत से बात करिए। मैं हेडमास्टर की हैसियत से जवाब दूँगा।

विजय : सीतानाथ !

[सीतानाथ के संयम का बाँध जैसे विजय की बात से टूट जाता है।]

सीतानाथ : *(प्रायः चीखकर)* तू चुप रह, विजय ! तू इसमें टाँग मत अड़ा।

[थोड़ी देर तक चुप्पी रहती है। विधुभूषण को चोट पहुँची

है, पर सीतानाथ को पहचानते न हों, ऐसा नहीं है।]

विधु बाबू : ठीक है। मन्त्री की हैसियत से ही कहता हूँ। अशोक अच्छा विद्यार्थी है। लगातार दो वर्ष से कक्षा में प्रथम आ रहा है–

सीतानाथ : उससे अपराध कम नहीं हो जाता !

विधु बाबू : नहीं। पर दंड तो कम हो सकता है। यह उसका पहला अपराध है–

सीतानाथ : पहला अपराध अगर हत्या हो, तो भी फाँसी ही मिलती है बहुत बार।

विधु बाबू : पर यह तो हत्या नहीं है।

सीतानाथ : फाँसी का हुक्म भी तो उसे नहीं हुआ है। स्कूल से नाम काटना मैं इस मामले में सबसे हल्की सजा समझता हूँ।

विधु बाबू : निकालने से बड़ा दंड हम और क्या दे सकते हैं ?

सीतानाथ : न, नहीं दे सकते। उसके अपराध को देखते हुए बहुत हल्की सजा देने को हम लाचार हैं। इसीलिए सजा कम करने का कोई सवाल ही नहीं उठता।

विधु बाबू : सीतानाथ, सुनो। वह एक पुस्तक पढ़ रहा था–

[सीतानाथ एकाएक विधु बाबू की ओर घूमता है। उसकी आँखों से अस्वाभाविक चिंगारियाँ-सी निकल रही हैं। हाथ काँप रहे हैं।]

सीतानाथ : 'एक पुस्तक' नहीं–दुनिया की सबसे गन्दी पुस्तक ! जहरीली पुस्तक। चरम विकृति का निर्लज्ज वर्णन। चौरंगी पर पुलिस से छिपाकर जो अश्लील किताबें बिकती हैं–वे भी शायद इसकी तुलना में धर्मग्रन्थ हैं ! आपने पढ़ी होती तो समझते !

विधु बाबू : मैंने नहीं पढ़ी, मानता हूँ। मगर इस पुस्तक को दूसरे देशों में बहुतों ने साहित्य माना है। भारत में भी एक विद्वान ने कहा है कि उसमें अवैध घोषित करने योग्य कुछ नहीं–

सीतानाथ : यह भारत का दुर्भाग्य है ! इन्हीं सब तथाकथित विद्वानों के कारण ऐसी किताब भारत में खुले आम बिकती है ! जिस किताब को पढ़ना बड़ों के लिए बुरा है, उसे अशोक जैसे चौदह-पन्द्रह वर्ष के लड़के पढ़ते हैं–नहीं सर ! अशोक को स्कूल से निकालने के सिवाय और कोई चारा नहीं।

विधु बाबू : *(धीरे से)* जो पुस्तक खुले आम बिकती हो, उसे पढ़ने पर स्कूल से निकालना छोटे अपराध के लिए बड़ा दंड माना जाएगा, सीतानाथ।

सीतानाथ : *(चीखकर)* चारों तरफ चोरी होती है, घूस चलती है—इसीलिए आपका बेटा चोरी करे तो आप उसे सजा न देंगे ? आप समझते हैं अशोक मेरे लिए कुछ नहीं ? अशोक को मैं नहीं पहचानता ? अशोक सान्याल सिर्फ रजिस्टर में लिखा एक नाम भर है—जिरो काट देने से मेरा कुछ नहीं आता-जाता ? *(अन्य स्वर में)* आज दिन भर, सारे स्कूल में सन्नाटा छाया रहा—विद्यार्थियों के मुँह में बात नहीं, शिक्षकों के कमरे में हँसने-बोलने की आवाज नहीं, चपरासी दबा-दबाकर पैर रख रहे हैं—दरबान फाटक पर कठपुतली की तरह खड़ा है—तो भी एक विद्यार्थी या शिक्षक ने आकर मुझसे यह नहीं कहा—अशोक को मत निकालिए। *(फिर चीखकर)* जानते हैं क्यों ? उन्हें पता है, वे जानते हैं और कोई रास्ता होने पर मैं यह कभी न करता ! इसीलिए कोई कहने नहीं आया ! मगर आप आए हैं !

[सीतानाथ का सारा शरीर काँप रहा है। दोनों हाथों से एक कुर्सी की पीठ पकड़कर वह अपने को खड़ा रक्खे हुए है। सीतानाथ की चीख से घबराई हुई कनक कुछ ही क्षण पहले दरवाजे के पास आकर खड़ी है। विजय उठकर खड़ा हो जाता है कि जरूरत पड़ने पर सीतानाथ को पकड़ सके। विधु बाबू स्तब्ध हैं।]

विधु बाबू : *(कुछ ही देर बाद, शान्त स्वर में)* हाँ, सीतानाथ, मैं आया हूँ। वे तुम्हारे पास नहीं गए, पर बहुत-से लोग मेरे घर आए थे। शिकायत करने नहीं। तुम्हारी शिकायत करने की बात तुम्हारे स्कूल के विद्यार्थी-शिक्षक कोई सोच तक नहीं सकते। फिर भी आए थे, बस एक प्रश्न लेकर—कोई उपाय है क्या ? *(कुछ रुककर)* तुम पुस्तक मुझे दो, मैं पढ़ देखता हूँ।

सीतानाथ : किताब मैंने फाड़कर जला दी है।

विधु बाबू : अच्छा मैं जुटा लूँगा।—पर एक वचन दो। पढ़कर मुझे लगे—वह पुस्तक पढ़ने के अपराध में अशोक को स्कूल से निकालना कठोर दंड है, तो तुम मानोगे ?

सीतानाथ : *(कुछ चुप रहकर)* मानूँगा। पर मुझे छुट्टी देनी होगी।

विधु बाबू : अर्थात तुम—

सीतानाथ : मैं इस्तीफा दे दूँगा।

विधु बाबू : इसे मानना कहते हैं ?

सीतानाथ : मुझसे अधिक योग्य लोग बहुत-से हैं।

विधु बाबू : *(निश्वास के साथ)* चलूँ तो फिर।—बहूरानी कहाँ हैं ?

[रसोईघर के दरवाजे के पास से आगे आकर कनक विधु बाबू को प्रणाम करती है।]

विधु बाबू : ओहो, तुम यहीं थीं ? मैंने देखा ही नहीं।

कनक : चाय तो लेंगे ?

विधु बाबू : नहीं, नहीं, कुछ नहीं, कुछ नहीं। फिर किसी दिन। *(विजय से)* चलता हूँ।

सीतानाथ : मैं मन्मथ बाबू से कहे देता हूँ—किताब खरीदकर आपके घर—

विधु बाबू : *(हँसकर)* पुस्तक का अब क्या होगा ? चलता हूँ, बहूरानी। किसी दिन आना। सीतानाथ, तुम भी बहुत दिन से नहीं आए। गौरी ने 'काका-काका' करके जान खा ली *(विजय से)* गौरी मेरी नातिन है, सीतानाथ की अन्धभक्त है। अच्छा, चलता हूँ।

[विधुभूषण चले जाते हैं। सीतानाथ एक कुर्सी पर बैठकर खाली दृष्टि से ताकता रहता है। विजय सीतानाथ की ओर चिन्तित भाव से देख रहा है। कनक की नजर में घबराहट है।]

कनक : चाय बना लाऊँ अब ?

[सीतानाथ नहीं सुन पाता।]

विजय : *(सीतानाथ के ऊपर से नजर हटाए बिना)* बना लाओ। *(कनक के रसोईघर में जाने के बाद सीतानाथ से)* क्या किताब है ? *(सीतानाथ सुनता नहीं इसलिए और भी जोर से)* क्या किताब है ?

सीतानाथ : ऐं ?

विजय : क्या किताब पढ़ रहा था अशोक ?

[सीतानाथ की आँखों से फिर चिंगारी निकलने लगती है।]

सीतानाथ : 'लोलिटा'।

विजय : नाबोकोव की 'लोलिटा' ?

सीतानाथ : नाबोकोव की 'लोलिटा'। तूने अगर पढ़ी होती तो समझता कि क्यों अशोक को स्कूल से निकालना पड़ा। *(सीतानाथ फिर उत्तेजित होकर खड़ा हो जाता है)* तुझे याद है—कुछ दिन

पहले तूने मुझे 'लेडी चैटरली'ज लवर' पढ़ने को दी थी ? लारेंस की मूल पुस्तक ! याद है न ?

विजय : याद है।

सीतानाथ : मैंने पढ़कर क्या कहा था, वह याद है ?

विजय : कहा था—इस किताब पर इतने दिनों क्यों रोक लगी थी ?

सीतानाथ : ठीक ! अगर वह किताब अशोक को पढ़ते देखता—उसे स्कूल से निकालने की बात न सोचता।

विजय : क्यों ?

सीतानाथ : क्यों ? इसलिए कि 'लेडी चैटरली' स्वाभाविक है। बहुत-सी नैतिकता बघारने वाली किताबों से ज्यादा स्वाभाविक है। अशोक की उम्र के लड़के के लिए उपयोगी शायद नहीं, मगर फिर भी वह किताब पढ़ने से कोई ऐसी बड़ी बुराई न होती। पर 'लोलिटा'—अस्वाभाविक है। विकृत है ! लोलिटा एक छोटी-सी लड़की है—बारह बरस की बच्ची—उसे लेकर—पढ़े बिना तू कल्पना नहीं कर सकता !

विजय : *(स्थिर कंठ से)* मैंने पढ़ी है।

सीतानाथ : *(एकाएक रुककर)* पढ़ी है ?

विजय : हाँ पढ़ी है !

[सीतानाथ खोजती-सी दृष्टि से विजय की ओर देखता है।]

सीतानाथ : तेरे—तुझे नहीं लगता—अशोक को स्कूल से निकालना ठीक है ? *(विजय चुपचाप शतरंज के मोहरे सजाता रहता है)* बता ! नहीं लगता तुझे ?

विजय : *(शतरंज की चाल चलकर)* ले, चाल चल।

सीतानाथ : विजय, तू अगर—

विजय : चल न !

सीतानाथ : नहीं। पहले तू मेरे सवाल का जवाब दे !

विजय : *(सीधा बैठकर और सिर उठाकर)* ठीक, सुन, 'लोलिटा' पढ़ना—खासकर क्लास में बैठकर पढ़ना अशोक की बड़ी भारी भूल है। मगर इस पर उसे स्कूल से नहीं निकाला जा सकता।

सीतानाथ : *(थोड़ी देर देखते रहने के बाद)* विजय, तूने—तूने 'लोलिटा' पढ़ी नहीं है ! *(विजय को हँसते देख चीखकर)* लोलिटा नाबालिग बच्ची है !

विजय : उससे क्या ?

सीतानाथ : विजय, विजय ! तुझे पता नहीं तू क्या कह रहा है ! कितनी गन्दी अस्वाभाविक विकृति का समर्थन कर रहा है !

विजय : मैं विकृति का समर्थन नहीं कर रहा। 'लोलिटा' के लेखक ने भी नहीं किया है। लेखक नहीं कहता—ऐसा करो। कहता है—ऐसा होता है।

सीतानाथ : *(प्रायः आर्त चीत्कार के साथ)* कभी नहीं होता !

[कनक फिर घबराकर रसोईघर के दरवाजे पर आ खड़ी होती है।]

विजय : विकृति को अस्वीकार करने से ही क्या वह रहेगी नहीं ?

सीतानाथ : *(ऐसे स्वर में जैसे दम घुटा जा रहा हो)* विजय—तू—

कनक : *(दौड़कर आते हुए)* सुनो—ऐसा न करो—

विजय : *(उठकर ऊँचे स्वर में)* नहीं कनक, उसे कहने दो !

[कनक हट जाती है। मगर विजय के स्वर से सीतानाथ एकाएक स्तब्ध खड़ा रह जाता है। विजय की ओर जिस दृष्टि से देखता है उसमें जैसे कुछ भय है। विजय अपलक सीतानाथ की ओर ताकता रहता है। धीरे-धीरे सीतानाथ बैठता है। शतरंज की चाल चलता है। विजय भी बैठता है। वह भी चाल चलता है। अनमना सीतानाथ एक मोहरा बढ़ा देता है।]

विजय : यह क्या चला ?

सीतानाथ : ऐं ?

विजय : यह क्या चला है तू ?

सीतानाथ : ओह !

[चाल वापस लेता है। शतरंज में ध्यान लगाने की कोशिश करता है। उसके बाद एक झटके के साथ उठ पड़ता है।]

विजय, तू—तू बैठ। मैं अभी आता हूँ।

कनक : कहाँ जा रहे हो ?

सीतानाथ : बस जरा—इसी नुक्कड़ से जरा—मेरा सिर चकरा रहा है, जरा बाहर घूमकर—

विजय : *(उठते हुए)* चल, मैं भी चलता हूँ।

सीतानाथ : नहीं, नहीं तू बैठ ! मैं अभी लौटता हूँ। पाँच मिनट—ज्यादा-से-ज्यादा दस मिनट। बैठ—जाना नहीं—

[कहता-कहता सीतानाथ बाहर चला जाता है। चिन्तित

कनक दरवाजे तक जाती है।]

कनक !

कनक : *(लौटकर)* ऐं ?

विजय : चम्बलगढ़ में क्या हुआ था ? *(कनक चुपचाप दूसरी ओर मुँह फिर लेती है)* सारी बात साफ-साफ नहीं बताओगी, तो मैं क्या कर सकता हूँ ?

कनक : बताने को मना किया है।

विजय : मना करने वाला बीमार है। उसके इलाज के लिए बता रही हो तुम।

कनक : मगर--

विजय : क्या बहुत शर्म की बात है ?

कनक : शर्म ? नहीं, बिल्कुल नहीं। बताना चाहती हूँ, विजय भाई। अकेले अब मुझसे सम्भलता भी नहीं। बस उन्होंने मना कर रक्खा है इसलिए--

विजय : उसकी मनाही क्या तुम हमेशा ही मानती हो ?

कनक : छोटी-मोटी बातों में शायद नहीं मानती, मगर यह--विजय भाई, आप नहीं जानते, किसी दिन जान गए कि मैंने आपको बता दिया है तो--आप वादा करिए कभी इन्हें जानने न देंगे ?

विजय : मैं बस यह वादा कर सकता हूँ--बहुत जरूरत के बिना नहीं जानने दूँगा।

कनक : जरूरत ?

विजय : उसके इलाज के लिए जरूरत पड़े तो।

कनक : ओह ! *(कुछ रुककर)* मगर चम्बलगढ़ की बात आपको कैसे पता चली ?

विजय : आसपास कागज-कलम मौजूद हो तो सीतानाथ ऊट-पटाँग कुछ लिखता रहता है। सभी लिखते हैं, पर सीतानाथ बीच-बीच में चौंककर हाथ के कागज की चिन्दी-चिन्दी कर डालता है। शायद इसीलिए नजर पड़ी।

कनक : चम्बलगढ़ लिखते हैं ?

विजय : और भी बहुत कुछ लिखता है। पर चम्बलगढ़ लिखते ही फाड़ता है। अगर ध्यान रहे तो। और एक नाम--*(चुप हो जाता है)*

कनक : क्या नाम ?

विजय : नहीं, पहले तुम चम्बलगढ़ की बात बाताओ।

कनक : और एक नाम कौन-सा ?

विजय : बाद में बताऊँगा, तुम–

कनक : पार्वती ?

[विजय तीक्ष्ण दृष्टि से देखता है।]

विजय : हाँ, पार्वती।

कनक : *(निश्वास के साथ)* मुझे मना करने का कोई खास फायदा नहीं हुआ।

विजय : कनक, बताना बहुत बुरा लगता हो तो–

कनक : नहीं, विजय भाई। बल्कि अब बताना आसान हो गया। उन्होंने खुद ही कह दिया है। कह डाला है।

विजय : तो फिर बताओ।

कनक : चम्बलगढ़। चम्बलगढ़ शहर नहीं है, विजय भाई–जंगल है। घनघोर जंगल के बीच एक छोटी-सी बस्ती। बीस-पच्चीस मिट्टी के घर होंगे। एक नाले-जैसी पतली-सी नदी–साफ निर्मल पानी। किनारे पर वन विभाग का डाक-बँगला। ब्याह के तीन बरस बाद हम गए थे। इनके मित्र तपन बाबू वन विभाग के अफसर थे–उन्होंने ही इन्तजाम कर दिया था।–तपन बाबू से भी अब ये कोई सम्पर्क नहीं रखते।–दस बरस हो गए।

विजय : क्यों ?

कनक : शायद चम्बलगढ़ की कोई याद नहीं चाहते इसलिए।

विजय : फिर ?

कनक : महीने भर से अधिक–कोई डेढ़ महीने थे हम लोग चम्बलगढ़ में। दो महीने रहने की बात थी–तब इनकी गर्मी की छुट्टियाँ थीं। डेढ़ महीने रहे। बड़ा अच्छा लगा था मुझे। बेहद गरमी थी, फिर भी अच्छा लगता था। शाल के पेड़ों के पत्ते आग में झुलसे हुए-से लगते। गर्मी से हवा साफ धुएँ की तरह थर-थर काँपती। चम्बलगढ़ मैं कभी नहीं भूलूँगी।

विजय : कनक तुम–

कनक : ऐं ?

विजय : मैं तुम्हें जल्दी बताने के लिए न कहता, मगर–सीतानाथ शायद आता ही होगा।

कनक : हाँ, बताती हूँ। चम्बलगढ़ में बात करने को बस एक ही

आदमी था, बनवारीलाल। गाँववालों की भाषा समझ में न आती थी। बनवारीलाल कश्मीरी था, उसके साथ टूटी-फूटी हिन्दी में किसी तरह काम चल जाता। मगर उसकी नौकरी जंगल की थी—दिन भर वहीं बीतता था उसका। इसीलिए हमारी अकेली साथिन थी—पार्वती।

विजय : पार्वती ?

कनक : बनवारीलाल की लड़की। माँ मर चुकी थी, बाप दिन भर जंगल में रहता था। अकेले भटकते वक्त काटती थी लड़की। पर भटकने की जगह भी बहुत न थी। जंगल में जाना बाप ने मना कर रक्खा था। वहाँ खतरा भी था। पुलिस से बचने को चोर-डाकू अक्सर उस जंगल में छिपा करते थे। जंगली जानवर भी कुछ थे ही।

विजय : फिर ?

कनक : सुन्दर गोरा उजला चेहरा था पार्वती का। हँसती तो बड़ी सुन्दर लगती, और लड़की हँसती भी खूब थी। दिन भर हँसती रहती थी।

विजय : उम्र क्या थी ?

कनक : कोई दस बरस। दस या ग्यारह।

[विजय की आँखों की दृष्टि तीक्ष्ण हो उठती है।]

विजय : हाँ, आगे बताओ।

कनक : हमारे साथ ही बीतता सारा दिन। मुझसे भी ज्यादा इनसे पटती थी। ये भी उसे बहुत ही प्यार करने लगे थे। थोड़ी देर भी न दीखती तो बेचैन हो जाते। दोनों ही। मुझे भी बुरा लगता। असल में शायद पार्वती के कारण ही चम्बलगढ़ इतना अच्छा लगा। नहीं तो शाल के पेड़ों और नदी के सहारे इतने दिन भी न टिक पाते उस अकेले जंगल में—फिर भी बाद में बराबर सोचा है, क्यों हुआ था उससे इतना लगाव !

विजय : क्यों ?

कनक : बताती हूँ। पार्वती के रहते भी बाद में ये शायद उकता गए थे। मुझसे दो-एक बार पूछा भी, वापस नहीं चलोगी ? पर मेरे राजी होने पर कहते—नहीं, पूरी छुट्टी बिता ही चलें। फिर भी—जाने कैसे बेचैन हो उठते बीच-बीच में। एक दिन ऐसी ही हालत में पार्वती को डाँट दिया। अचरज हुआ था मुझे। पार्वती दिन भर रोती रही। शाम को बाप की डाँट

खाकर भी कमरे से बाहर न निकली। तब इन्होंने बड़ी मुश्किल से उसे मनाया। बनवारी हँसकर कहता आप ही ले जाइए इसे, मैं तो देखभाल नहीं कर पाता। क्या पता, बनवारी जोर देकर कहता, तो शायद ले ही आते। *(निश्वास के साथ)* मगर यह सब कहने से अब क्या फायदा ?

[कनक जैसे अपने आपको पक्का कर लेती है। उसके बाद जल्दी-जल्दी बताने लगती है जैसे कहानी खत्म हो तो पिंड छूटे।]

एक दिन शाम को पार्वती हठ पकड़ गई कि घूमने चलो। ये नहीं जाना चाहते थे। बहुत पीछे पड़ी तो ये जाने कैसे चिढ़ गए—और पार्वती को चटाक से एक तमाचा जड़ दिया—

विजय : *(स्तम्भित होकर)* सचमुच ?

कनक : हाँ, विजय भाई, मुझे देखकर भी विश्वास नहीं हुआ। खुद इन्हें शायद नहीं हुआ। पार्वती—पार्वती जाने कैसे ताकती रह गई—बोल नहीं फूटा—फिर सीधी झपटी चली गई—बाहर—इन्होंने पुकारा, मैंने पुकारा पर नहीं आई—मैं जल्दी से बाहर गई—ये भी लपककर बाहर आए—मगर पार्वती एकदम दौड़ी चली गई—सीधी जंगल में। शाम हो चुकी थी। ये टार्च लेकर झपटे पीछे-पीछे उस जंगल में। उसके बाद न जाने कितना वक्त बीता—अँधेरा हो गया—बनवारी लौटा—गाँव के लोग एक साथ मशाल लेकर जंगल में चले गए सब—मैं अकेली बरामदे में बैठी रही—कितनी देर, विजय भाई, कितनी देर—मैं नहीं जानती--

[कनक चौंककर चुप हो जाती है।]

विजय : उसके बाद ?

कनक : *(बुझे स्वर में)* पहले इन्हें लाए थे। कपड़े फटे हुए, धूल सने—धूल और खून। अँधेरे में सूखी नाली में गिरने से सिर में चोट खाकर बेहोश पड़े थे। रात भर बेहोश रहे। सबेरे होश आया—पर तेज बुखार था। उसी में बेखबर पड़े रहे।

विजय : और पार्वती ?

कनक : पार्वती मिली अगले दिन दोपहर को—किले के खंडहरों में। किसी को पहचाने नहीं। और आँखों में—आँखों में जाने कैसे डर की ऐसी गहरी छाप, विजय भाई—कि जीवन में कभी न मिटेगी !

विजय : जंगल का डर ?

कनक : नहीं, विजय भाई। जंगल का डर होता है, पर आदमी के सामने जंगल कोई चीज नहीं। कहा था न, जंगल में बहुत बार चोर-डाकू छिपकर–

[विजय कुर्सी खिसकाकर झटके से उठ पड़ता है।]

विजय : तुम्हारा मतलब है–

कनक : हाँ, विजय भाई। अखबारों में पढ़ती हूँ कभी-कभी अदालत की कहानियों में। मानने को जी नहीं चाहता। मगर होता है। आदमी ही करता है।

[कुछ देर स्तब्धता रहती है।]

विजय : सीतानाथ ने क्या किया ?

कनक : ये क्या करते ? पार्वती का डर कोई न मिटा सका। तो फिर उसे इनके पास लाए–ये तब बुखार में पड़े थे। पार्वती–शायद इनका पट्टी-बँधा चेहरा देखकर ही–चीखकर रो उठी। और इसी से–ये भी फिर अचेत हो गए। उसके बाद मैंने पार्वती को इनके पास नहीं आने दिया। *(प्रायः व्याकुल होकर)* क्या करती, विजय भाई, मेरे लिए तो पहले ये थे ! पार्वती को मैं भी प्यार करती थी, पर इनको–

विजय : तुमने ठीक ही किया।

कनक : इसके सिवाय कोई चारा न था। इनका बुखार हल्का होते ही मैं इन्हें कलकत्ते ले आई। दस बरस हो गए, विजय भाई। मगर अब भी उन कुछ दिनों की याद आते ही सिर भन्ना जाता है ?

विजय : पार्वती की इस बीच कोई खबर नहीं मिली ?

कनक : कैसे मिलती ? बनवारीलाल हमारा पता नहीं जानता। मैंने सोचा था लिखूँगी–पर इन्होंने नहीं लिखने दिया। चम्बलगढ़ की सारी घटना को मन से निकाल फेंकने की कैसी जी-जान से कोशिश की है इन्होंने ? चम्बलगढ़ का इन्तजाम तपन बाबू ने किया था, इसलिए उनसे मिलना ही छोड़ दिया। दिन भर काम–बस काम और काम में ही डूबे रहे। आज भी यही हाल है। उस स्कूल के सिवाय इन्हें किसी से मतलब नहीं ! मुझसे भी नहीं !

[आखिरी बात कहने के साथ ही कनक चौंककर चुप हो जाती है।]

विजय : तुमसे भी नहीं ?

कनक : *(सम्भालने की कोशिश करते हुए)* मैं--मुझे देखने का वक्त है इनके पास ? सारे दिन तो स्कूल के काम में--

विजय : नहीं तुम कुछ और कहने वाली थीं ! *(कनक चुप रहती है)* कनक, अगर सब बात--सारा हाल साफ-साफ न बताओगी--

कनक : पर वह बात तो बिल्कुल बेकार है ! उसके साथ कोई सम्बन्ध नहीं है इसका--

विजय : सीतानाथ को तुमसे भी मतलब नहीं--ऐसी बात बेकार हो सकती है ? *(कनक चुप है)* सीतानाथ 'लोलिटा' पढ़ने के लिए अशोक को स्कूल से निकाल रहा है--जानती हो क्यों ?

कनक : नहीं।

विजय : लोलिटा की कहानी ठीक पार्वती जैसी तो नहीं, पर उससे मेल खाती है। लोलिटा भी बच्ची ही थी।

कनक : अच्छा !

विजय : 'लोलिटा' के लेखक को पा जाता तो सीतानाथ उसे फाँसी चढ़ाता। वह नहीं मिला तो अशोक को ही कड़ी सजा देने पर तुला है, किसी की बात नहीं सुनना चाहता। असल में लोलिटाओं पर, पार्वतियों पर जो जुल्म करते हैं--उनसे सीतानाथ को कुछ बड़ी अस्वाभाविक-सी तीखी घृणा हो गई है। इतनी तीखी न होती, अगर वह पार्वती की दुर्घटना के लिए अपने को जिम्मेदार न समझता होता। झूठमूठ अपने को अपराधी मानता है--उसका तमाचा खाकर ही तो पार्वती जंगल में गई थी। समझीं न यह बात ?

कनक : कुछ-कुछ समझी।

विजय : मैं भी सब नहीं समझा हूँ। अब समझना चाहता हूँ। सब समझना होगा ही--तुम्हें, मुझे, दोनों को। इसीलिए कहता हूँ--कुछ भी छिपाओ मत, कनक। *(कनक निरुत्तर है)* बताओ !

कनक : *(दुर्बल स्वर में)* क्या बताऊँ ?

विजय : यह क्यों कहा तुमने--सीतानाथ को तुमसे भी कुछ मतलब नहीं ?

कनक : *(एकाएक जलते हुए स्वर में)* चम्बलगढ़ के बाद से आपके मित्र ने मुझे छुआ तक नहीं, आज दस बरस से--लीजिए अब। इससे क्या समझना है आपको, समझिए।

[कनक जल्दी-जल्दी सोने के कमरे में चली जाती है। विजय कुछ देर स्तम्भित-सा खड़ा रहता है।]

विजय : कनक !

[कोई उत्तर नहीं मिलता। विजय घड़ी देखता है। चिन्तित दृष्टि से एक बार सदर दरवाजे पर नजर डालता है। फिर पुकारता है।]

विजय : कनक ! कनक !

[मंच पर अन्धकार हो जाता है। कुछ ही देर। प्रकाश होने पर दीख पड़ता है—विजय नहीं है। कमरे में कनक है, प्रतीक्षा में बैठी सदर दरवाजे की ओर कान लगाए। किसी के पैरों की आहट सुनाई देती है। कनक उठती है। दस्तक होती है। कनक लपककर दरवाजा खोलती है। विजय का प्रवेश।]

विजय : अभी नहीं लौटा ?

कनक : नहीं।

विजय : तुमने जितने पते दिए थे, उन सभी पर गया। बस विधु बाबू के यहाँ सुना आध घंटा पहले आया था।

कनक : आध घंटा पहले ?

विजय : बस दो मिनट रुका। बड़ी भारी गुड़िया लेकर पहुँचा था। वह गौरी को देकर फौरन चला गया।

कनक : गुड़िया ? एकाएक इस वक्त गौरी को गुड़िया देने क्यों गए ?

विजय : यह कोई नहीं जानता। विधु बाबू के साथ सीढ़ी पर सामना हुआ—बात भी नहीं की।

कनक : और कोई कुछ नहीं बता सका ?

विजय : और किसी ने देखा ही नहीं। गौरी की माँ रसोईघर में थीं।

कनक : गौरी ने क्या कहा ?

विजय : वह आठ बरस की बच्ची—क्या कहती ? बोली—काका आए और चले गए। यह तेरे लिए लाया हूँ, चलता हूँ—कहकर गुड़िया देकर चले गए। *(कुछ देर चुप्पी रहती है)* मैं फिर एक बार चक्कर लगा देखूँ।

कनक : और कहाँ देखेंगे ? सब जगहें तो देख लीं।

विजय : पार्क में देख आऊँ एक बार। कहीं वहाँ न बैठा हो।

कनक : क्या बजा है अब ?

विजय : आठ बजकर दस मिनट।

कनक : दो घंटे हो गए।

विजय : डरो मत। पास ही कहीं भटकता होगा। देखता हूँ मैं।

[एकाएक रुक जाता है। सीढ़ी पर पैरों की आहट सुनाई पड़ती है। दोनों उधर ही कान लगा लेते हैं। विजय लपककर एक झटके में दरवाजा खोल देता है। पैरों की आहट अचानक रुक जाती है।]

विजय : कौन ? *(उत्तर नहीं) सीतानाथ ?*

[कुछ ही पल बाद सीतानाथ की आवाज आती है।]

सीतानाथ : *(नेपथ्य से)* हाँ।

विजय : सीढ़ी पर क्यों खड़े हो—अँधेरे में ?

सीतानाथ : नहीं, आ रहा हूँ।

[सीतानाथ का प्रवेश। हाथ में एक पैकेट है। बाल बिखरे हैं, चेहरा थकान से उतरा हुआ है। मगर आँखों में एक विचित्र-सी चमक है। जैसे भीतर किसी मुक्ति के आनन्द की उत्तेजना हो।]

सीतानाथ : तू इतनी देर ठहरेगा, यह नहीं सोचा था।

कनक : विजय भाई इस बीच तुम्हें दुनिया भर में ढूँढ़ आए।

सीतानाथ : क्यों, क्यों ?

विजय : तू कहाँ था इतनी देर ?

सीतानाथ : भटक रहा था। यों ही--भटक रहा था।

विजय : क्यों ?

सीतानाथ : सोच रहा था। इसके अलावा—कुछ काम भी निबटा आया। *(बैठ जाता है।)*

विजय : काम यानी—गौरी को गुड़िया दे आना ?

सीतानाथ : *(थोड़ा चौंककर)* तू कैसे—? अच्छा, तू बिधु बाबू के घर गया था ?

[सीतानाथ पैकेट को इस तरह रखना चाहता है कि किसी की नजर न पड़े। पर कनक देख लेती है।]

कनक : यह क्या है ?

सीतानाथ : एक खिलौना।

कनक : किसके लिए ?

सीतानाथ : गौरी के लिए ही खरीदा था। कूदने की रस्सी। बाद में लगा—गुड़िया ही गौरी को ज्यादा पसन्द होगी।

कनक : तो यह भी दे आते। इसका अब क्या होगा ?

सीतानाथ : यह तब नहीं सूझा। फिर किसी दिन दे आऊँगा।

कनक : पर एकाएक गौरी को इस वक्त—दस मिनट में लौटने को कहकर—?

सीतानाथ : दूकान सामने पड़ गई—इसीलिए। तुम लोग इतने परेशान होगे यह समझता तो न जाता। विजय, खड़ा क्यों है ?

विजय : और बैठकर क्या होगा—चलूँ। शतरंज तो जम नहीं रही आज।

सीतानाथ : नहीं, जा मत, और जरा ठहर। तुझसे कुछ बात करनी है। *(उठकर कुछ सोचता है)* कनक !

कनक : कहो।

सीतानाथ : मैं—मैं विजय के साथ अकेले में कुछ बात करना चाहता हूँ। तुम क्या घंटा भर चौधरी के घर बिता सकती हो ?

[कनक कुछ विस्मित हो जाती है। विजय की ओर देखती है। विजय गर्दन हिलाकर इशारा करता है।]

कनक : जरूर बिता सकती हूँ। सुरमाजी तो यही शिकायत करती रहती हैं कि मैं आती नहीं। मैं साड़ी जल्दी से—नहीं, ऐसे ही चली जाती हूँ। सड़क पर तो निकलना नहीं है।

[कनक सदर दरवाजे की ओर जाती है। सीतानाथ जाने कैसी विचित्र दृष्टि से उसकी ओर ताकता रहता है।]

सीतानाथ : *(अचानक जैसे चकित होकर)* कनक !

कनक : *(घूमकर)* क्या ?

[सीतानाथ कनक के समीप जाता है। अचानक दोनों हाथ कनक के कन्धे पर रखकर एकटक उसकी आँखों की ओर देखता रहता है।]

सीतानाथ : बुरा मत मानना, कनक।

कनक : *(हँसकर)* एकाएक मेरे साथ यह शिष्टाचार ?

सीतानाथ : नहीं। शिष्टाचार नहीं। बस—

कनक : बस क्या ?

सीतानाथ : मेरे लिए तुम्हें बड़ी चिन्ता रहती है, जानता हूँ। पर और चिन्ता न करो। सब ठीक हो जाएगा। सब, स—ब ठीक हो जाएगा। *(कनक उसकी ओर देखती रह जाती है)* जाओ अब। एक घंटे का वक्त दो मुझे। *(कनक चली जाती है, सीतानाथ दरवाजे में चटखनी लगा लेता है।)* विजय, तुझसे

बहस में मैंने आज कहा था—'लोलिटा' में जैसी विकृति का वर्णन है—वैसा होता नहीं। तूने कहा था होता है। याद है ?

विजय : याद है।

सीतानाथ : मैंने गलत कहा था। नहीं, गलत नहीं—झूठ कहा था। जान-बूझकर झूठ कहा था। मैं जानता हूँ वैसा होता है। शायद जानता हूँ पर मानना नहीं चाहता। इसलिए कहा, नहीं होता।

विजय : होता है—यह कैसे जाना ?

सीतानाथ : मैंने देखा है।

विजय : कहाँ देखा है ?

सीतानाथ : पहली बार देखा था मध्य प्रदेश के एक जंगल में। बहुत दिन पहले। कनक और मैं घूमने गए थे गर्मी की छुट्टी में—चम्बलगढ़। एक टूटा हुआ किला था जंगल के बीचोंबीच। दिन के समय भी वहाँ कोई नहीं जाता था। कहते थे फरार हत्यारे और डाकू जरूरत पड़ने पर वहाँ आकर छिपते हैं। वह बात सच थी या झूठ, पता नहीं, मगर कम-से-कम एक डाकू—एक हत्यारा डाकू—*(एकाएक शरीर को झिंझोड़कर उठ खड़ा होता है)* नहीं, डाकू की बात बाद में, उसके पहले—उसके पहले पार्वती की बात बताना जरूरी है। पार्वती दस बरस की छोटी-सी सुन्दर बच्ची थी। मुझे बड़ा प्यार करती थी। मैंने एक दिन उसे एक—एक थप्पड़ मार दिया। इसी से वह रूठकर जंगल में—जंगल में जाकर—उसी डाकू के—एक हत्यारे डाकू के हाथों में पड़कर—

विजय : *(एकाएक तीक्ष्ण स्वर में)* उसमें क्या तेरा अपराध है ?

सीतानाथ : *(चौंककर)* ऐं ?

विजय : तूने गुस्से में एक थप्पड़ मार दिया इसीलिए सारी दुर्घटना की जिम्मेदारी अपने ऊपर ले ली ? फूल ! यू आर ए फूल !

सीतानाथ : *(थोड़ा हँसकर)* कनक ने तुझे कहानी बता दी है न ?

विजय : हाँ, बता दी है। मैंने बताने पर मजबूर किया था। मैं जानता था कि ऐसी ही किसी बात के लिए झूठमूठ अपने को अपराधी मानकर तू लगातार—

सीतानाथ : तू कुछ नहीं जानता विजय, कुछ नहीं जानता। कनक भी नहीं जानती।

विजय : क्या नहीं जानती ?

सीतानाथ : पार्वती को मैंने क्यों मारा था। क्यों मैं भागना चाहता था

चम्बलगढ़ से। अपने को वहाँ से नोंचकर भाग आना चाहा था—पार्वती से दूर ! मगर भाग न सका—ओफ ! काश कि भाग सका होता !

[सीतानाथ प्रायः चीख उठता है।]

विजय : क्या कह रहा है तू ?

सीतानाथ : *(बुझे स्वर में)* विकृति।

विजय : सीतानाथ।

सीतानाथ : *(भरे हुए गले से)* लोलिटा। पार्वती। कनक नहीं जानती। कनक नहीं जानती—वह डाकू मैं भी हो सकता था। होना सम्भव था।

विजय : *(चीखकर)* कभी नहीं ! !

सीतानाथ : *(जैसे बिना सुने)* रात-दिन। रात-दिन। मन में जहरीले जीवाणु बढ़ते-बढ़ते हजारों-लाखों तक पहुँच गए। सारे मन पर जहर छा गया। रात-दिन। रात-दिन। यन्त्रणा से छटपटाता रहा। जी-जान से संघर्ष करता रहा। भाग निकलना चाहा। सम्भव न हुआ। उसे दूर हटा देना चाहा। मारा-पीटा ! मगर फिर भी क्या हो गया ! क्यों मारा मैंने ? क्यों वह जंगल में गई ? क्यों ? क्यों ?

[विजय उछलकर सीतानाथ की दोनों बाँहों को पकड़ लेता है। जोर से झकझोरता है।]

विजय : सीतानाथ ! सीतानाथ ! क्या होता इसे लेकर क्यों अपने को मिटाए डालता है ? हुआ तो नहीं ! पार्वती डाकुओं के हाथ पड़ी थी !

सीतानाथ : पर डाकुओं के बजाय मेरे हाथ पड़ी होती तो—

विजय : तो क्या होता ? तू उसे सुरक्षित वापस ले आता ! सीतानाथ, क्या होता—यह सत्यानाशी चिन्ता छोड़। यह तुझे मिटा देगी। जो हुआ उसे मान ले। दुर्घटना समझकर मान ले ! मानकर भूलने की कोशिश कर !

सीतानाथ : *(बहुत कुछ शान्त भाव से)* हाँ दुर्घटना ! अतीत। बहुत बरस पहले। कोई दस बरस। भूल जाता। मान लेता। मान रहा था। स्कूल के काम में डूबकर धीरे-धीरे भूल रहा था। विद्यार्थी, सहयोगी—सब श्रद्धा करते थे। प्यार करते थे। कनक थी। लाख अन्याय के बावजूद कनक ने मुझे छोड़ा नहीं। कनक थी। मगर—मगर विजय, पार्वती फिर आ गई।

विजय : क्या बेकार बात कर रहा है ?

सीतानाथ : फिर आ गई है। पहले मुझे पता नहीं चला, होशियार नहीं हुआ। जब पता चला—तब कोई रास्ता न बचा था। वह जहर फिर सारे मन पर छाया जा रहा है। विजय, मुझे कोई रास्ता नहीं सूझता ! अशोक को स्कूल से निकाल रहा हूँ, विधु बाबू से झगड़ा कर रहा हूँ—मगर वह जहर जाता नहीं। पार्वती फिर आ रही है, विजय ! पार्वती फिर आ गई है।

विजय : क्या अनाप-शनाप बक रहा है तू ? कहाँ है पार्वती ?

[सीतानाथ विह्वल भाव से विजय की ओर ताकता है। उसके बाद धीरे-धीरे मुँह फेर लेता है। विह्वल भाव दूर होकर उसका चेहरा सख्त हो जाता है। शान्त स्वर में किन्तु अत्यन्त स्पष्ट उच्चरित एक शब्द जैसे सारे कमरे को कँपा देता है।]

सीतानाथ : गौरी !

[विजय को जैसे किसी ने चाबुक मार दी हो।]

विजय : *(आर्त कंठ से प्रतिवाद करते हुए)* नहीं !

सीतानाथ : *(स्थिर कंठ से)* हाँ, विजय। गौरी। पार्वती शायद अतीत है। पर गौरी, वर्तमान। पार्वती शायद किसी दूसरे डाकू के हाथ पड़ी, पर गौरी की बात कौन कह सकता है ?

विजय : तू कह सकता है ! तेरे मन में जो भी हो, बाहर वह कभी जाहिर न होगा। मैं तुझे पहचानता हूँ !

सीतानाथ : नहीं पहचानता ! देखा तो सही—नहीं पहचानता था।

विजय : हाँ पहचानता हूँ। हर बात में तुझे इतना संयम है—और यह न कर सकेगा तू ? गौरी से अपने को दूर न रख सकेगा ?

सीतानाथ : कोशिश तो बहुत की।

विजय : और कोशिश कर। यह चम्बलगढ़ का जंगल नहीं है। यहाँ तेरा स्कूल है, काम है, कनक है, मैं हूँ। और कोशिश कर—जरूर सफल होगा !

सीतानाथ : पता नहीं।

विजय : सुन सीतानाथ ! आज तू मुझे बता सका—यह बताना ही तुझे बल देगा। तूने इतने दिन इसे मन में पालकर भूल की। सोच देख तू। सोच देख—सच है या नहीं !

सीतानाथ : क्या पता ? शायद। आज सड़कों पर भटकते-भटकते बहुत सोचा है, शायद। शायद कभी छुटकारा मिल जाए।

विजय : शायद नहीं सीतानाथ, जरूर मिलेगा !

सीतानाथ : बस एक सवाल का जवाब दे, विजय।

विजय : बोल।

सीतानाथ : जिस डाकू ने पार्वती को बर्बाद किया उसे फाँसी छोड़ कोई और सजा हो सकती है ?

विजय : सीतानाथ, इन सब बातों में–

सीतानाथ : गौरी को देखा है आज तूने ?

विजय : देखा है।

सीतानाथ : अगर किसी दिन सुने गौरी को–गौरी को किसी ने–

विजय : चुप रह !

सीतानाथ : और अगर सुने कि, जिसने किया उसे फाँसी का हुक्म हुआ–तो तू उसे अन्याय मानेगा ?

विजय : सीतानाथ, तू–

सीतानाथ : बता न तू ! उसे अन्याय मानेगा ?

विजय : न, नहीं मानूँगा। *(बहुत जोर देकर)* मगर सीतानाथ तू जानता है–तू वह डाकू नहीं था, किसी दिन होगा भी नहीं ! कोशिश करे तो भी न हो सकेगा ! तू जानता है यह बात। मन-ही-मन जो भी सोचे, जो भी चाहे–सब तेरे मन के भीतर है। किसी दिन–किसी दिन वह एक बार भी बाहर नहीं आएगा। जानता है तू ! नहीं जानता ?

[सीतानाथ के चेहरे पर गम्भीर शान्ति है। स्वर भी शान्त है।]

सीतानाथ : हाँ विजय, जानता हूँ। अब जानता हूँ। किसी भी दिन–किसी भी दिन मेरे हाथों गौरी का बुरा न होगा। किसी दिन नहीं।

[विजय खुशी से सीतानाथ का हाथ दबा लेता है।]

विजय : सीतानाथ !

[सीतानाथ ताक में से एक एलबम निकाल लाता है।]

सीतानाथ : यह देख। पहचाना ?

विजय : गौरी ?

सीतानाथ : आठवीं वर्षगाँठ पर मैंने खींची थी। अच्छी नहीं है तस्वीर ?

विजय : बहुत सुन्दर है।

सीतानाथ : और एक तस्वीर दिखाता हूँ तुझे।

[कमरे के एक दुर्लभ स्थान से कागज-चढ़ी, पर मोटी-सी किताब निकालता है। कागज के नीचे से एक छिपाई हुई

बहुत पुरानी तस्वीर निकल पड़ती है।]

सीतानाथ : यह देख। जानता है कौन है ?

विजय : पार्वती ?

सीतानाथ : हाँ। यह भी मैंने ही खींची थी। पार्वती के सब निशान मिटा दिए—बस यह तस्वीर ही छिपा रक्खी थी। कनक को भी नहीं पता।—दोनों तस्वीरों में कोई मेल दीखता है ?

विजय : खास नहीं—सिर्फ, आँखों—

सीतानाथ : हाँ आँखें। आँखों में अजीब समानता है। और रंग ? दोनों ही गोरी सुन्दर हैं। *(सीतानाथ तस्वीर को मेज पर रखकर कागज-कलम लेकर बैठ जाता है)* क्या बजा है, विजय ?

विजय : पौने नौ।

सीतानाथ : *(लिखते-लिखते)* मेरा एक काम कर देगा ?

विजय : क्या, बता ?

सीतानाथ : कुछ मेहनत पड़ेगी।

विजय : बता न, क्या है ?

[सीतानाथ लिखे हुए कागज को मोड़कर विजय के हाथ में देता है।]

सीतानाथ : यह चिट्ठी विधु बाबू के घर पहुँचा देगा ?

विजय : आज रात को ?

सीतानाथ : हाँ, आज, अभी।

विजय : क्या लिखा है ?

सीतानाथ : पढ़ ले।

[विजय पढ़ता है। उसका चेहरा खिल जाता है।]

विजय : सीतानाथ, सच ?

सीतानाथ : हाँ। नाबोकोव की या मेरी गलती के कारण, अशोक का जीवन बर्बाद होना ठीक नहीं। विधु बाबू ने ठीक ही कहा था—

विजय : पर यह तो कल तू ही स्कूल जाकर—

सीतानाथ : नहीं, विजय, बिधु बाबू को अभी बताना जरूरी है। आज बड़ा बुरा व्यवहार किया है मैंने। तू जा, अभी चला जा। नहीं तो मुझे शान्ति नहीं मिलेगी।

विजय : कनक—?

सीतानाथ : कनक को मैं बुला लूँगा। तू जा, देर न कर। कल आना जरूर। सबेरे ही आना।

विजय : सबेरे ?

सीतानाथ : हाँ, सबेरे। तेरा आना बड़ा जरूरी है।

[सीतानाथ एकाएक विजय का हाथ जोर से दबा लेता है।]

सीतानाथ : तेरे जैसा दोस्त मेरा कोई नहीं है, विजय। तू–तू समझ सकेगा !

विजय : क्या समझ सकूँगा ?

सीतानाथ : मुझे। जा, देर मत कर।

[करीब-करीब ढकेलकर विजय को बाहर कर देता है। फिर चटखनी लगाता है। लौटकर पैकेट उठाकर मेज पर रखता है। पार्वती की तस्वीर पर उसकी नजर पड़ती है। हाथ में उठा लेता है।]

पार्वती ! उस डाकू को इतने दिन फाँसी नहीं दी जा सकी ! आज दूँगा।

[पैकेट खोलकर कूदने की रस्सी निकालता है। रस्सी साँप की तरह लहरा उठती है। एक उन्मत्त आनन्द के साथ सीतानाथ रस्सी के स्पर्श का अनुभव करने लगता है। उसके बाद एलबम खोलता है।]

गौरी ! गौरी ! तुझे कोई डर नहीं। वह डाकू तुझे न छू सकेगा। उसे मैं फाँसी दूँगा। पार्वती को नहीं बचा सका, पर तुझे कोई डर नहीं। तेरे काका–उस डाकू को फाँसी दे देंगे।

[सीतानाथ रस्सी का फंदा गले में डालता है। उसके बाद कनक की तस्वीर वाला फ्रेम उठा लेता है।]

चलता हूँ कनक ! बुरा मत मानना।

[फ्रेम को नीचे रखता है। छत की ओर ताकता है। उसके बाद रस्सी की ओर। फिर छत की ओर।]

[परदा धीरे-धीरे बन्द होता है।]

तीसरा अंक

[शरद पढ़ रहा है। वासन्ती गाल पर हाथ रखे बैठी सुन रही है।]

शरद : 'चलता हूँ, कनक बुरा मत मानना।'—इससे अधिक कुछ कनक से नहीं कहना है सीतानाथ को। उसे अब कोई चिन्ता नहीं। एक गहरी शान्ति, एक अनिर्वचनीय निश्चिंतता से उसका घायल मन भरपूर है। अब कोई चिन्ता नहीं। और कोई भय नहीं। रस्सी हाथ में साँप की तरह लहरा उठी। छत की ओर देखा सीतानाथ ने। कड़ी में जड़े हुए लोहे के टेढ़े हुक में चरम मुक्ति का आश्वासन है। *(शरद कागज रख देता है, वासन्ती स्तब्ध है)* क्यों ?

वासन्ती : मेरी कहानी से बहुत अच्छी बनी है।

शरद : यह क्या समालोचना हुई ?

वासन्ती : मैं समालोचक थोड़े ही हूँ।

शरद : तुम्हारे मन में कोई सवाल अटका है शायद।

वासन्ती : किसने कहा ?

शरद : तुम्हारा चेहरा देखकर लगता है।

वासन्ती : नहीं, सवाल नहीं—पर—

शरद : क्या ?

वासन्ती : सोच रही हूँ—सचमुच सीतानाथ ने किस कारण आत्महत्या की ?

शरद : यानी मैंने जो कारण दिखाया है वह तुम्हें सम्भव नहीं जान पड़ा।

वासन्ती : नहीं, नहीं, सम्भव क्यों नहीं ? जरूर सम्भव है। मगर वह तो तुम्हारी कहानी हुई।

शरद : मेरी कहानी सम्भव है, पर असली घटना किसी तरह मेरी कहानी जैसी नहीं होगी—यही न ?

वासन्ती : तुम समझे नहीं। मैं–

शरद : *(कुछ अधीरता से)* मैं ठीक ही समझा हूँ। तुम सोच देखो, समझ जाओगी।

वासन्ती : नाराज क्यों हो रहे हो ?

शरद : *(कुछ क्रोध से)* जरा भी नाराज नहीं हूँ। इसमें नाराजगी की कोई बात ही नहीं !

वासन्ती : मैं तो कह ही रही हूँ, तुम्हारी कहानी मेरी से कहीं ज्यादा अच्छी है–

शरद : यह बात कौन सुनना चाहता है।

वासन्ती : तो फिर क्या सुनना चाहते हो, बताओ ?

शरद : मैंने तुम्हारी कहानी में सम्भव-असम्भव को लेकर सूक्ष्म आलोचना की थी। जो लगा वह साफ-साफ कहा था। और तुम बस 'अच्छी है' कहकर चुप हो, जब कि मन-ही-मन कहानी को रद्दी माने बैठी हो !

वासन्ती : *(कुछ अधीरता से)* किसने कहा मैं कहानी को रद्दी माने बैठी हूँ ?

शरद : *(उत्तेजित होकर)* नहीं माने बैठी ? सच-सच बोलो ? तुम मानती हो सीतानाथ ने इसी कारण से आत्महत्या की होगी ?

वासन्ती : मगर–

शरद : बताओ ! मानती हो तुम ?

वासन्ती : मगर सीतानाथ ने सचमुच किस कारण से आत्महत्या की, यह हमें क्या मालूम ?

शरद : *(और उत्तेजित होकर)* यही तो ! यही तो ! सच्चा कारण यह नहीं है ! सच्चा कारण कुछ और है ! मैंने जो लिखा है–शुरू से आखिर तक गलत है !

[कागजों को मेज पर पटक देता है।]

वासन्ती : *(उत्तेजित होकर)* शुरू से आखिर तक गलत मैंने कभी नहीं कहा। बस यह कहा है–असली कारण हमें क्या मालूम ? तुमने जो लिखा है वह तो तुम्हारी कल्पना है।

शरद : *(प्रायः चीखकर)* कल्पना है इसलिए शुरू से आखिर तक गलत ही होगी ?

वासन्ती : बड़े अचरज की बात है ! तुम्हें हो क्या गया है ?

[शरद धक्का खाकर जैसे यथार्थ में लौट आता है।]

शरद : ऐं ? *(कुछ रुककर)* वासन्ती !

वासन्ती : क्या ?

शरद : मैंने शायद—हम लोगों ने शायद सीतानाथ की आत्महत्या को लेकर कुछ ज्यादा ही माथा-पच्ची कर डाली है।

वासन्ती : हाँ, जाने कैसी-कैसी बातें दिमाग में घुस गई हैं।

शरद : *(जबर्दस्ती हँसकर)* सीतानाथ का भूत गर्दन पर सवार हो गया है शायद।

[वासन्ती अचानक सिहर उठती है—जैसा हम सभी के साथ बीच-बीच में होता है।]

शरद : क्या हुआ ?

वासन्ती : *(उठते हुए)* नहीं, कुछ नहीं। जाकर सोऊँगी। नींद आ रही है।

शरद : मुझे तो रत्ती भर नींद नहीं आ रही।

वासन्ती : असल में तो नींद मुझे भी नहीं आ रही। पर ग्यारह बज गए। कल सोमवार है।

शरद : मुझे तो लगता है आज नींद आएगी ही नहीं।

वासन्ती : *(मानो बलपूर्वक अपने अपको आश्वस्त करते हुए)* खूब आएगी। लेटते ही आएगी। मैं जाती हूँ सोने।

शरद : जाओ, मैं कुछ बाद में आऊँगा।

वासन्ती : देर मत करना। कल सोमवार है।

[सोने की प्रतिज्ञा करके वासन्ती सोने के कमरे में चली जाती है। शरद कुछ देर अनिर्दिष्ट बैठने और फिर कुछ देर टहलने के बाद अपने लिखे कागज उठाकर उन पर नजर डालता है। पन्ने उलटता है। कमरे में प्रकाश कुछ कम हो गया है। प्रकाश में नीलेपन का आभास है। रसोईघर के रास्ते में गहरा अँधेरा है। उस अँधेरे में सीतानाथ की निश्चल मूर्ति छिपी हुई है। निश्चल और सीधी। शरद विरक्त भाव से कागज मेज पर पटकता है। फिर कुछ बड़बड़ाता है। शायद 'तारीख' या ऐसा ही कुछ और। तभी उसे एकाएक सीतानाथ की मौजूदगी का अनुभव होता है। पीछे देखे बिना ही अनुभव हो जाता है।]

शरद : कौन *(सीतानाथ उत्तर नहीं देता। सिर्फ एक कदम आगे बढ़ आता है, कुछ अधिक प्रकाश में। शरद अब भी सामने देख रहा है।)* कौन ?

सीतानाथ : मैं। सीतानाथ।

शरद : सीतानाथ चक्रवर्ती ?

सीतानाथ : हाँ। क्यों ? पहचाना नहीं ?

[सीतानाथ बात कहते-कहते सामने की ओर आ जाता है। सहज भाव से। अब से वह केवल एक इनसान मात्र है। शरद धीरे-धीरे उसकी ओर देखता है।]

शरद : पहचाना तो सही। पर समझा नहीं।

सीतानाथ : सहज बात समझना कठिन होता है। सहज बात कोई नहीं समझ पाता। शायद कोई समझना नहीं चाहता।

शरद : समझा नहीं।

सीतानाथ : मैंने भी यही कहा। समझ नहीं सके। तुम्हारी पत्नी भी नहीं समझ सकी। कनक नहीं समझ सकी। कोई न समझ सका। कैसे समझते ? सहज बात है न ?

शरद : बात सहज है इसलिए नहीं समझेंगे ? क्यों ?

सीतानाथ : क्या पता ? शायद डर के मारे।

शरद : डर किसका ?

सीतानाथ : तर्क का। समझने से तर्क सूझता है। तर्क होने पर उसे मानना पड़ता है। मानने से तर्क आगे बढ़ता है। निष्कर्ष की ओर बढ़ता है। निष्कर्ष से आदमी डरता है।

शरद : कौन-सा निष्कर्ष ?

सीतानाथ : अन्तिम निष्कर्ष। सबसे बड़ा निष्कर्ष। उसके आगे कोई तर्क नहीं। या तो निष्कर्ष मानो; नहीं तो तर्क को अस्वीकार करते-करते पीछे हटो।

शरद : समझा नहीं।

सीतानाथ : कैसे समझोगे ? सहज बात है न ?

शरद : *(कुछ देर देखते रहकर)* तुमने आत्महत्या क्यों की ?

सीतानाथ : नहीं तो क्या करता ?

शरद : जिन्दा रहते।

सीतानाथ : जिन्दा रहकर क्या करता ?

शरद : क्या करने माने ? सब लोग जो करते हैं वही करते।

सीतानाथ : सब लोग क्या करते हैं ?

शरद : क्या-क्या नहीं करते ? हर आदमी का कुछ-न-कुछ काम है। कितना कुछ करने को पड़ा है।

[इस बीच में सीतानाथ ने कतरनों का रजिस्टर खोलकर देख लिया है।]

सीतानाथ : जैसे अखबार की कतरनें रखना ?

शरद : वह क्यों ?

[सीतानाथ रजिस्टर के पन्ने पलटता-पलटता दूसरी ओर चला जाता है। उसकी पीठ शरद की ओर है।]

सीतानाथ : क्यों नहीं ? यह भी तो एक काम है। करने योग्य कुछ है।

शरद : हाँ, क्यों नहीं ?

सीतानाथ : मैं भी कतरनें रखता हूँ। समाचारों की नहीं। चित्रों की। समाचार के चित्रों की।

शरद : समाचारों के चित्र ?

सीतानाथ : हाँ, देखोगे ?

[रजिस्टर बन्द करके लौटता है। लौटकर रजिस्टर शरद के हाथ में देता है। शरद उसे मेज पर रखकर खोलता है। जैसे कोई अन्य रजिस्टर हो। पहला पृष्ठ नहीं, बीच में कोई एक पृष्ठ। सीतानाथ उसके पीछे खड़ा उसके कन्धे के ऊपर से देखता रहता है। सीधा खड़ा रहकर, झुके बिना।]

सीतानाथ : यह क्या है, पहचाना ?

शरद : यह तो महाभारत का चित्र है ?

सीतानाथ : हाँ, दुःशासन का रक्तपान। भीम बदला ले रहा है। जानते हो न कहानी ? *(शरद उत्तर दिए बिना पन्ना पलटता है)* प्राचीन मिस्र का चित्र। फराओ के क्रीत दास पत्थर खींचकर उठा रहे हैं और पिरामिड बना रहे हैं। वह उस आदमी के हाथ में चाबुक देखते हो न ? बैल के चमड़े का है, बड़ा कठोर ! *(शरद पन्ना पलटता है)* रोमन सम्राट का नौका विहार, दास डाँड़ चला रहे हैं। यह चाबुक भी चमड़े का है, पर उसे गाँठ बाँधकर और भी घातक बना लिया गया है।

शरद : *(पन्ना उलटते हुए)* ये सब कैसे चित्र लगा रखे हैं ?

सीतानाथ : *(जैसे सुना नहीं)* रोम का कोलिसियम। ईसाइयों को सिंहों को खिलाया जा रहा है। *(शरद यन्त्रवत पन्ने उलटने लगता है, सीतानाथ नीरस निर्विकार स्वर में एक के बाद एक चित्र का परिचय देता जाता है)* खम्भे से बाँधकर जिस लड़की को जलाया जा रहा है, उसका नाम है जॉन ऑफ आर्क।—वह अपराध मनवाने का यन्त्र है—मध्यकालीन योरप का। उस पहिए को घुमाने से खिंचकर आदमी की हड्डी-पसली टूट जाती है।—नेपोलियन की विजय यात्रा। कैसी संगीनें ताने हैं,

देखा !—यह सहारा रेगिस्तान का व्यापार मार्ग है। जंजीरों में बँधे दास भेजे जा रहे हैं। देखो—चाबुक में नौ सिरे हैं, हरेक में लोहे के छोटे-छोटे टुकड़े बँधे हैं।—यह आलाबामा का कपास का खेत। 'टॉम काका की कुटिया' पढ़ा है ? *(इसी बीच सीतानाथ पीछे से हटकर अखबार उठा लेता है; मगर लगातार बोले जा रहा है जैसे शरद के सामने कौन-सा चित्र है यह उसे पता ही है)* कँटीले तारों के बाड़े में लटकाया हुआ सामान्य सैनिक। पहला महायुद्ध। *(सीतानाथ कैंची से अखबार में से एक चित्र काटता है)* हिटलर का बन्दी-शिविर। ये लोग यहूदी हैं। पीछे दाईं ओर एक सफेद इमारत गैस चेम्बर है।—मैड्रिड की एक सड़क, स्पेन के गृह-युद्ध के समय। वह जो बच्चा पड़ा है उसका दायाँ हाथ नहीं है, देखा ? बम से हाथ उड़ गया।—यह दूसरे महायुद्ध का चित्र है। दूसरे महायुद्ध के बहुत चित्र हैं, बहुत देशों के।—हाँ, हिरोशिमा। ठीक पहचाना। हिरोशिमा।

[शरद जोर से रजिस्टर बन्द करके उठ खड़ा होता है। जैसे उसका दम घुट रहा हो। सीतानाथ शान्त भाव से अभी-अभी कटा हुआ चित्र उसकी ओर बढ़ा देता है।]

सीतानाथ : वियतनाम। इसे भी चिपका सकते हो।

शरद : ये सब कैसे चित्र हैं ?

सीतानाथ : समाचारों के चित्र हैं, शरद भाई।

शरद : छाँट-छाँटकर ये सब चित्र क्यों जमा किए हैं ?

सीतानाथ : यही तो इतिहास है।

शरद : इतिहास !

सीतानाथ : मनुष्य का इतिहास। जीवन का इतिहास।

शरद : झूठ ! यह मौत का इतिहास है।

सीतानाथ : *(मुस्कराकर)* मौत के बिना जीवन होता है ?

[एक पल के लिए शरद को कोई उत्तर नहीं सूझता।]

शरद : मगर मौत का इतिहास तो जीवन का इतिहास नहीं हो सकता।

सीतानाथ : *(लम्बी साँस लेकर)* शायद ऐसा ही हो। अलग-अलग मनुष्य के जीवन का अलग-अलग इतिहास—शायद होता है। यह वह नहीं है। यह बाक़ी इतिहास है।

शरद : बाक़ी इतिहास ?

सीतानाथ : हाँ, बाक़ी इतिहास। पर मनुष्य का ही।

शरद : *(थोड़ी देर देखते रहकर)* तुमने आत्महत्या क्यों की, सीतानाथ ?

सीतानाथ : तुमने आत्महत्या क्यों नहीं की, शरद ?

शरद : *(स्तम्भित)* मैं ? ? मैं आत्महत्या क्यों करता ?

सीतानाथ : क्यों नहीं करते ? कारण बताओ।

शरद : कारण ? इसका तो सीधा-सा कारण है ! जीना चाहता हूँ इसलिए।

सीतानाथ : क्यों जीना चाहते हो ?

शरद : क्यों जीना चाहता हूँ ? जीना कौन नहीं चाहता ?

सीतानाथ : बहुतेरे नहीं चाहते।

शरद : किसने कहा नहीं चाहते ?

सीतानाथ : किसने कहा चाहते हैं ?

शरद : नहीं चाहते तो जीते क्यों हैं ? आत्महत्या क्यों नहीं कर लेते—तुम्हारी तरह ?

सीतानाथ : जीते नहीं हैं। आत्महत्या करते हैं। पर शायद मेरी तरह नहीं।

शरद : इसका मतलब ?

सीतानाथ : इसका मतलब यह है कि वे गले में फाँसी नहीं लगाते, कपड़ों में तेल छिड़ककर नहीं जलते। कमर में पत्थर बाँधकर नहीं डूबते। वे बिना कुछ कहे चुपचाप जीना बन्द करके बैठ जाते हैं।

शरद : इस बात का कोई मतलब नहीं होता।

सीतानाथ : किस बात का मतलब होता है—बताओ, मैं भी सुनूँ।

शरद : आदमी या तो जीता है, नहीं तो मरता है !

सीतानाथ : बड़ी गहरी बात कही। एकदम सच्ची बात। इसीलिए मैं मर गया।

शरद : इसीलिए मर गए ?

सीतानाथ : इसीलिए मरा। आदमी या तो जीता है, नहीं तो मरता है। बात गहरी है। क्यों तर्कसंगत है। इस तर्क से क्या निष्कर्ष निकलता है ?

शरद : क्या निकलता है ?

सीतानाथ : निष्कर्ष निकलता है—जिया न जाए तो मरो।

शरद : जिया क्यों नहीं जाएगा ?

सीतानाथ : क्यों, तुम्हीं बताओ ?

शरद : मैं क्या बताऊँ ? मैं तो जिन्दा हूँ !

[सीतानाथ हँसते चेहरे से उसकी ओर देखता रहता है, जैसे उसने कोई बड़ी मजेदार बात कही हो।]

शरद : *(कुछ चिढ़े हुए स्वर में)* मैं तो जिन्दा हूँ !

सीतानाथ : *(मीठी आवाज में)* तुमने आत्महत्या क्यों नहीं की, शरद ?

शरद : *(जोर से विरोध करते हुए)* क्यों करूँ ?

सीतानाथ : क्यों नहीं करते, शरद ?

शरद : मैं—मेरी पत्नी है !

सीतानाथ : मेरी भी पत्नी थी।

शरद : बन्धु-बान्धव हैं !

सीतानाथ : मेरे भी थे।

शरद : मेरी नौकरी है ! काम है !

सीतानाथ : मेरी भी नौकरी थी। काम था।

शरद : *(चीखकर)* पर तुमने तो आत्महत्या कर ली !

सीतानाथ : *(मीठी आवाज में)* और तुमने आत्महत्या नहीं की। क्यों नहीं की, शरद ?

शरद : *(क्रुद्ध अस्वीकार के साथ)* मुझे जीना अच्छा लगता है, इसलिए नहीं की।

[सीतानाथ के मुख की हँसी धीरे-धीरे विलीन हो जाती है। नजर में, होंठों के टेढ़ेपन में, धीरे-धीरे गहरी अश्रद्धा प्रकट होती है।]

(दुर्बल स्वर में) मुझे जीना अच्छा लगता है—

सीतानाथ : *(तीव्रतम अश्रद्धा से)* झूठे ! कपटी ! कायर !

शरद : मैं—कायर ? ?

सीतानाथ : *(डाँटते हुए)* चुप रहो ! *(शरद चुप होकर देखने लगता है)* मैंने तुमसे पूछा था—तुमने आत्महत्या क्यों नहीं की। तुम उत्तर न दे सके। *(शरद विरोध के लिए तैयार होता है पर सीतानाथ की कठोर दृष्टि के कारण चुप रह जाता है)* तुमने मुझसे पूछा है, मैंने आत्महत्या क्यों की। मैं उत्तर देता हूँ—सुनो।

[सीतानाथ बात कहने लगता है। शरद से नहीं। शरद का अस्तित्व ही जैसे उसे याद नहीं। वह सुना रहा है मानो दर्शकों को। बहुत बार दर्शकों के परे भी जो बड़ी दुनिया है उसको।]

सीतानाथ : उन्नीस वर्ष की आयु में मैट्रिक पास करके कॉलेज में भरती हुआ था। उन्नीस वर्ष पहले।

शरद : उन्नीस वर्ष ?

सीतानाथ : *(बिना सुने)* उन्नीस वर्ष पहले संसार सुन्दर था। लोग जीवन्त थे। जीवन मूल्यवान था। उन्नीस वर्ष पहले।

शरद : *(कुछ-कुछ यान्त्रिक भाव से)* उन्नीस वर्ष पहले ?

[लगता है शरद की कोई भी बात सीतानाथ तक नहीं पहुँचती। शरद भी ठीक सीतानाथ से ही प्रश्न करता नहीं जान पड़ता।]

सीतानाथ : एक वर्ष बाद पिता मर गए। अठारह वर्ष पहले। पृथ्वी नामक ग्रह के मनुष्य नामक चार अरब प्राणियों में से एक प्राणी मर गया—मेरे पिता। अठारह वर्ष पहले।

शरद : मेरे पिता भी अठारह वर्ष पहले मरे थे।

सीतानाथ : अठारह वर्ष पहले। सारा संसार उलट-पलट हो गया, और एक प्राणी के लिए। मेरे लिए। निश्चिन्त आनन्द समाप्त हुआ और दुनिया भर की चिन्ताओं ने आ घेरा। निश्चिन्त आराम की जगह जी-तोड़ परिश्रम। निश्चिन्त आश्रय टूटकर दुनिया भर की उठापटक। जीवन का सारा रस, सारा रंग—सब धुल-पुँछकर, टूट-फूटकर केवल एक प्रश्न सामने रह गया—मनुष्य बनना है। अठारह वर्ष पहले।

शरद : अठारह वर्ष पहले—

सीतानाथ : मनुष्य बनना। मनुष्य। उस समय मनुष्य बनने का अर्थ समझता था—पढ़ाई-लिखाई करके परीक्षा में सफलता। अपने पैरों खड़े होना। जिसका दूसरा नाम था नौकरी करना। उसका दूसरा नाम—अपने बड़े-से अंश को नियमपूर्वक बेचकर रहने-खाने का प्रबन्ध करना। केवल एक ही प्रश्न, एक ही प्रतिज्ञा। बाधा, विपत्ति, अभाव, गरीबी, लांछना, अपमान—सबके विरुद्ध लड़ने का अस्त्र—केवल एक प्रतिज्ञा। जीवन का केवल एक ही अर्थ।

शरद : मेरी भी—यही एक प्रतिज्ञा थी—अठारह वर्ष पहले—

सीतानाथ : एक वर्ष और। आई.ए.। और दो वर्ष। बी.ए.। और दो वर्ष एम.ए.। कॉलेज। लायब्रेरी। उधार लेना। उधार चुकाना। ट्यूशन करना। रातों को जागकर पढ़ना। परीक्षा। और उधार। और ट्यूशनें। और भी रातों को जागकर पढ़ना।

और परीक्षा। अन्तिम परिक्षा। एम.ए.। मनुष्य बनने का अन्तिम चरण। एम.ए.। आज से तेरह वर्ष पहले।

शरद : मैंने भी एम.ए. पास किया तेरह वर्ष पहले।

सीतानाथ : अन्तिम परीक्षा। परीक्षा का अन्त। मनुष्य बना जा चुका है। अपने पैरों खड़े हुआ जा चुका है। नौकरी मिल गई है। प्रतिज्ञा का अन्त। पाँच वर्ष से जो प्रतिज्ञा जीवन का एकमात्र अर्थ थी—उस प्रतिज्ञा का अन्त हुआ। तेरह वर्ष पहले—

शरद : तेरह वर्ष पहले—

सीतानाथ : तेरह वर्ष पहले जीवन का आरम्भ। और जीवन का अन्त। फिर से नए अर्थ की खोज। फिर नई प्रतिज्ञा की खोज। नए जीवन का आरम्भ। असंख्य विद्यार्थी पंक्ति बाँधे बैठे हैं। असंख्य बेंचें। बेंचों पर असंख्य विद्यार्थी। अध्यापक की ओर ताक रहे हैं। कितने सारे अध्यापक। के.एन.बी.। एम.आर. डी.। मैं भी अध्यापक। एम.एन.सी.।

शरद : मैं भी कॉलेज में पढ़ाता हूँ। अचरज की बात है ! तेरह वर्ष हो गए।

सीतानाथ : तेरह वर्ष से असंख्य विद्यार्थी—पंक्तिबद्ध बेंचों पर असंख्य विद्यार्थी हर दिन। हर वर्ष। वही बेंच। वही भाषण। नए चेहरे। पुराने चेहरे। जैसे वही विद्यार्थी। हर वर्ष। एक वर्ष। दो वर्ष। कनक से भेंट।

शरद : दो वर्ष ?

सीतानाथ : ग्यारह वर्ष पहले कनक से भेंट। स्कूल में अध्यापिका कनक।

शरद : अध्यापिका ? वासन्ती भी स्कूल में पढ़ाती थी।

सीतानाथ : अध्यापिका कनक। असंख्य बालिकाएँ। पंक्तिबद्ध बेंचों पर असंख्य बालिकाएँ। पर कनक तरुणी है। कनक जीवन्त है। कनक सुन्दर है। कनक उत्सुक है। कनक जीवन का अर्थ है। नए जीवन का अर्थ। भावी जीवन का अर्थ। अध्यापिका कनक। संगिनी कनक। पत्नी कनक।

शरद : वासन्ती ! *(उत्तेजना के साथ)* यह तो—यह तो मेरी कहानी है !!

[इतनी देर बाद अब जैसे पहली बार शरद की आवाज सीतानाथ के कान में पड़ती है। वह धीरे-धीरे शरद की ओर ताकता है। पर उसने सिर्फ आवाज ही सुनी है, उसकी बात नहीं। सीतानाथ की आवाज पहले से भी

अधिक तीव्र होने लगती है। बातें पहले से अधिक तेजी से निकलती हैं। शरद की आँखों में उसकी आँखें हैं।]

सीतानाथ : संगिनी कनक। पत्नी कनक। वर्ष-पर-वर्ष। ग्यारह वर्ष। पंक्तिबद्ध बेंचें। छात्र। कनक। कॉलेज। कनक ! भाषण ! कनक। जीवन का नया अर्थ। जीवित रहने का नया कारण। असंख्य विद्यार्थी। असंख्य मिनट, घंटे, दिन, महीने, वर्ष। अन्तहीन निरर्थकता के बीच एक अर्थ—कनक !

शरद : वासन्ती !

सीतानाथ : कनक ! ग्यारह वर्ष से संगिनी कनक। ग्यारह वर्ष से पत्नी कनक। ग्यारह वर्ष के असंख्य सेकेंड-मिनट-घंटों में, ग्यारह वर्ष की अन्तहीन निरर्थकता में, धीरे-धीरे—कनक—डूब गई।

[सीतानाथ फिर दूसरी ओर घूम जाता है। उसकी अन्तिम बात तीव्रता खोकर एक निरवलम्ब निर्जीवता से भारी हो जाती है।]

शरद : *(चीखकर)* नहीं !!

सीतानाथ : *(निर्जीव स्वर में)* कनक डूब गई। असंख्य मिनट-घंटे-दिनों के अभ्यास में जीवन का नया अर्थ डूब गया।

शरद : कभी नहीं। वासन्ती नहीं डूबी।

[अचानक कनक का प्रवेश। सोने के कमरे में से। हाथ में बिजली का बिल है।]

कनक : तुमने कल भी बिजली का बिल नहीं चुकाया ?

सीतानाथ : ऐं ? ओहो, बिल्कुल भूल गया ! कुरते की जेब में रख दो।

कनक : कुरते की जेब में ही तो था ! कल दफ्तर जाते वक्त याद भी दिला दी थी !

सीतानाथ : शनीचर को वैसे भी चुकाना मुश्किल होता है। बड़ी भीड़ होती है। कल चुका दूँगा, जरूर !

कनक : पर कल ही आखिरी दिन है। कल नहीं चुकाया तो ज्यादा पैसे लग जाएँगे।

सीतानाथ : नहीं, नहीं, कल जरूर चुका दूँगा। सोमवार को लगातार दो घंटे खाली भी रहते हैं।

[कनक बिल लेकर चली जाती है।]

सीतानाथ : *(पहले की भाँति निर्जीव स्वर में)* कनक डूब गई।

शरद : वासन्ती नहीं डूबी ! वासन्ती नहीं डूबी !

सीतानाथ : *(पुकारकर)* कनक !

कनक : *(भीतर से)* क्यों ?

सीतानाथ : क्या कर रही हो तुम ?

कनक : *(भीतर से)* कमरा ठीक कर रही हूँ।

सीतानाथ : छोड़ो अभी। यहाँ आओ।

[कनक का प्रवेश]

कनक : क्या है ?

सीतानाथ : आज इतवार है

कनक : *(हँसकर)* वह तो दीख ही रहा है।

सीतानाथ : क्या किया जाए आज, बताओ।

कनक : तुम्हीं बताओ।

सीतानाथ : घूमने चलोगी ? ट्रेन से ?

कनक : कहाँ चलोगे ?

सीतानाथ : जहाँ कहो। डायमंड हार्बर चलोगी ?

कनक : इतनी दूर ? सोचा था आज मसहरी धोऊँगी।

सीतानाथ : तो चलो दोपहर के खाने के बाद कहीं पास ही घूम आएँ। बोटैनिकल गार्डन चलो।

कनक : चलो। बहुत दिनों से नहीं हुआ जाना।

सीतानाथ : सिर्फ बस में भीड़ की याद करके जाने को मन नहीं करता।

कनक : यह तो है। जाते-जाते ही हिम्मत छूट जाती है।

सीतानाथ : तो फिर कहाँ चलें ?

कनक : मनी बाबू के घर कभी जल्दी ही जाना होगा। वे लोग दो बार आ चुके हैं।

सीतानाथ : मनी के घर ? आज निबटाना चाहती हो ?

कनक : क्या हर्ज है ?

सीतानाथ : *(आर्त प्रतिवाद के स्वर में)* नहीं ! नहीं ! ये सब झूठ है।

[कनक रसोईघर में लौट जाती है, शरद की बात सुने बिना, उसकी ओर देख बिना।]

सीतानाथ : जीवन्त कनक। प्राणों की जीवन्तता अभ्यास की जीवन्तता बन गई। उत्सुक कनक। भीतर की उत्सुकता अभ्यास की उत्सुकता बन गई। जीवन की संगिनी कनक अभ्यास की संगिनी बन गई।

शरद : *(कुंठाग्रस्त की भाँति)* झूठ है ! मैं नहीं मानता ! मैं नहीं मानता ! वासन्ती अभ्यास नहीं है। वासन्ती जीवन है ! वासन्ती जीवन का अर्थ है !

[कनक का प्रवेश। हाथ में नायलोन का थैला है।]

कनक : बढ़िया चीज है न ? तुम तो कल चौरंगी जाने वाले हो—एक लेते आओगे ?

सीतानाथ : कल कब जाने वाला हूँ चौरंगी ?

कनक : वाह ! बिजली का बिल चुकाने नहीं जाओगे ?

सीतानाथ : ओ, हाँ-हाँ। अच्छा देखूँगा।

कनक : देखोगे मेरा सिर ! याद रहेगी तभी तो ?

[कनक का प्रस्थान]

सीतानाथ : *(निर्जीव स्वर में)* जीवन का अर्थ ग्यारह वर्ष की निरर्थकता में खो गया।

शरद : मैं नहीं मानता।

सीतानाथ : ग्यारह वर्ष ? ग्यारह शताब्दियाँ। ग्यारह हजार वर्ष। असंख्य वर्षों की निरर्थकता का इतिहास। असंख्य मानव कीटों की निरर्थकता का इतिहास !

शरद : मैं नहीं मानता !!

[एकाएक सीतानाथ घूमकर शरद के सामने खड़ा हो जाता है। उसका चेहरा फिर चरम अश्रद्धा से कठिन हो गया है।]

सीतानाथ : तुम नहीं मानते ? शरद नाग कहता है—मैं नहीं मानता ! असंख्य कीड़ों में से एक कीड़ा कहता है—इतिहास को नहीं मानता !

शरद : यह इतिहास नहीं है !

सीतानाथ : *(तीव्र विद्रूप के साथ)* इतिहास क्या है, शरद ? परीक्षा में सफलता की प्रतिज्ञा ? जीवन्त, सुन्दर, उत्सुक स्त्री के साथ रहने का सन्तोष ?

शरद : *(बुझी हुई-सी आवाज में चीखकर)* हाँ यही ! हाँ यही ! हाँ यही !

सीतानाथ : *(रजिस्टर उठाकर दिखाते हुए)* और बाक़ी इतिहास ?

शरद : *(डरकर)* बाक़ी इतिहास ?

सीतानाथ : हाँ, बाक़ी इतिहास ? परीक्षा नहीं। नौकरी नहीं। कनक नहीं। वासन्ती नहीं। बाक़ी इतिहास ! दंगों का इतिहास ! महायुद्धों का इतिहास ! असंख्य वर्षों की हत्या, जुल्म, अत्याचार का इतिहास ! कौरव-पांडव, सिकन्दर, चंगेज खाँ, नेपोलियन, हिटलर का इतिहास ! हजारों वर्षों का इतिहास

पिरामिडों के पत्थरों में, कोलिसियम की बालू में, जलियाँवाला बाग की दीवारों पर, हिरोशिमा की झुलसी हुई मिट्टी में लिखा पड़ा है ! हजारों वर्षों का बाक़ी इतिहास !

शरद : *(आर्त स्वर में)* पर मैं उसका क्या कर सकता हूँ !

[सीतानाथ एकाएक चुप हो जाता है। एक लम्बे क्षण तक शरद की ओर देखता रहता है। रजिस्टर को धीरे से मेज पर रखता है। उसके बाद दूसरी ओर घूमता है। उसकी आवाज फिर शान्त और निर्जीव हो गई।]

सीतानाथ : नहीं, तुम कुछ नहीं कर सकते। मैं कुछ नहीं कर सकता। किसी को कुछ नहीं करना है। अत्याचार, हत्या, दंगे, युद्ध—सब चलते रहेंगे, सब मनुष्य ही करेगा--फिर भी मनुष्य कुछ नहीं कर सकता। जो मनुष्य दोनों समय शान्ति से भोजन पाकर ही प्रसन्न हो जाता है, वही दूसरे के पेट में संगीन भोंकेगा। जो वैज्ञानिक एक जन्तु की पीड़ा नहीं देख सकता, वही एक साथ लाखों लोगों के विनाश के अस्त्र बनाएगा। ये सभी मनुष्य हैं। तुम्हारी ही तरह। मेरी तरह। ये सभी जीवन का एक-न-एक अर्थ खोजकर जीने का प्रयास करते हैं।

शरद : फिर भी जीते तो रहते हैं ?

सीतानाथ : जीने का ढोंग करते हैं। अर्थ जब नहीं बचता, तब अभ्यासवश जीते रहने का ढोंग करते हैं। जैसे मैं करता था। जैसे तुम करते हो।

शरद : नहीं, ऐसा नहीं है ! यह नहीं हो सकता ! इतिहास का एक और भी पक्ष है ! युद्ध का दूसरा पहलू शान्ति है ! अत्याचार का दूसरा पहलू प्यार जरूर है ! नहीं तो—नहीं तो सबको आत्महत्या करनी पड़े !

[सीतानाथ शान्त हँसमुख चेहरे के साथ शरद की ओर घूमता है। उस हँसी के सामने भयभीत शरद सिहर कर पीछे हट जाता है।]

तुमने आत्महत्या क्यों की है ? *(सीतानाथ उसी प्रकार मुस्कराता हुआ चुपचाप देखता रहता है, शरद आर्त स्वर में कहता जाता है)* क्या जिन्दा नहीं रह सकते थे ? दूसरे तमाम लोगों की तरह जिन्दा नहीं रह सकते थे ?

सीतानाथ : आदमी या तो जीता है, नहीं तो मरता है।

शरद : *(प्रायः अन्तिम प्रयत्न करते हुए)* मगर और सब ?

सीतानाथ : *(बड़े धैर्य के साथ)* और सब यह कर सकते हैं कि न जीते रहें न मरें। वे यह कर सकते हैं।

शरद : वे किस तरह कर सकते हैं ?

सीतानाथ : आशा में।

शरद : आशा ?

सीतानाथ : जीवन का अर्थ चुक जाने पर सोचते हैं—एक दिन अर्थ फिर आ जाएगा। जीवित रहना समाप्त होने पर सोचते हैं—एक दिन फिर आरम्भ होगा। उन्हें आशा रहती है।

शरद : तुम्हें कोई आशा न थी ?

सीतानाथ : नहीं, मुझे कोई आशा न थी। मेरा भूत, भविष्य, वर्तमान सब एकाकार हो गया था।

शरद : *(साँस रोककर)* मेरा ? *(सीतानाथ निरुत्तर)* बताओ ! मेरा ??

सीतानाथ : *(उत्तर दिए बिना दूसरी ओर जाते-जाते)* आज दिन भर तुम लोग मेरी आत्महत्या के कारण की कल्पना करते रहे हो।

शरद : *(अपने आपसे)* हाँ। कल्पना।

सीतानाथ : *(घूमकर खड़े होते हुए)* जब कल्पना कर रहे थे, शरद, तब क्या वास्तविक कारण नहीं जानते थे ?

शरद : *(धीरे से)* शायद जानता था। अब लग रहा है जानता था।

सीतानाथ : *(स्निग्ध स्वर में)* तुमने आत्महत्या क्यों नहीं की, शरद ? *(शरद ने जैसे नहीं सुना, वह गम्भीर चिन्ता में डूबा है)* तुमने आत्महत्या क्यों नहीं की, शरद ?

[शरद की चेतना लौटती है। वह उठकर धीरे-धीरे कमरे में दूसरी ओर जाता है। खड़ा होता है। उसके बाद जैसे थककर सीतानाथ की ओर मुड़ता है।]

शरद : तुम जाओ, शरद।

सीतानाथ : मैं सीतानाथ हूँ।

शरद : तुम जाओ, सीतानाथ।

[सीतानाथ चला जाता है। अँधेरे में मिल जाता है। शरद स्तब्ध है। टेबिल लैम्प पर लिपटे हुए तार पर उसकी नजर पड़ती है। जैसे एक नई दृष्टि से देखता है तार को। प्लग निकालकर तार हाथ में उठा लेता है। लैम्प बुझ जाता है। एक बार छत की ओर ताकता है। तार को धीरे-धीरे खोलता है, तार बहुत लम्बा है। तार में एक लपेटा फन्दे-जैसा दिखाई पड़ता है। सहसा दरवाजे पर खट-खट होती

है। शरद चौंककर हाथ से तार फेंक देता है। फिर दस्तक। साथ ही वासुदेव की पुकार–शरद भाई !–शरद दरवाजा खोलता है। वासुदेव प्रवेश करता है। दावत में जाने के कपड़े पहने हुए है। बहुत उत्साहित जान पड़ता है।]

वासु : बधाई, शरद भाई। क्या खिलाएँगे, बताइए ?

शरद : मामला क्या है ?–तुम–इतनी रात गए–

वासु : रह नहीं सका, शरद भाई। खबर सुनाए बिना घर नहीं जा सका। दावत से सीधा चला आ रहा हूँ।

शरद : खबर ? क्या खबर ?

वासु : आपका हरीकिशन सचमुच चला ! नोटिस दे दिया है।

शरद : ऐं ?

वासु : खुद प्रिंसिपल साहब के मुँह से सुना। सबने सुना। भवतोष मित्तिर के यहाँ। हरीकिशन भी था।

शरद : *(जैसे इतनी देर में समझा हो)* हरीकिशन–चला जाएगा ?

वासु : बिल्कुल पक्के ! महीने भर के भीतर आप असिस्टेंट प्रोफेसर ! कहाँ हैं, भाभीजी कहाँ हैं ? भाभीजी ! भाभीजी !

वासन्ती : *(भीतर से)* कौन ?

वासु : *(चिल्लाकर)* आप सो रही हैं ? शरद भाई असिस्टेंट प्रोफेसर हो गए–और आप पड़ी-पड़ी सो रही हैं !

[वासन्ती का प्रवेश। नींद से उठकर आई है, बाल-कपड़े कुछ अस्त-व्यस्त हैं।]

वासन्ती : क्या मामला है ?

वासु : जल्दी से चाय का पानी रखिए ! मिठाई बाद में होगी, चाय हो जाय पहले !

शरद : हरीकिशन चला जाएगा ?

वासु : आपको अभी तक विश्वास नहीं हो रहा ?

वासन्ती : इसका मतलब है तुम–

वासु : असिस्टेंट प्रोफेसर ! महीने भर के भीतर !

वासन्ती : सच ?

[वासन्ती का चेहरा खिल उठता है, वासुदेव तो उमड़ा पड़ रहा है, शरद के चेहरे पर भी मुस्कराहट आ जाती है।]

शरद : तो हरीकिशन चल ही दिया ?

वासु : अरे, इसीलिए तो घर नहीं जा सका। दावत से सीधा यहीं दौड़ा आया खबर देने। भाभीजी, पानी रखिए जल्दी से।

वासन्ती : आज आपको सचमुच एक बाल्टी चाय पिलाऊँगी !

[वासन्ती तेजी से रसोईघर में चली जाती है। वहाँ बत्ती जलाती है। शरद अभी तक पूरी तरह सचेत नहीं हुआ है।]

वासु : बात क्या है, शरद भाई ? इस तरह खोए-खोए-से क्यों हैं ? इतनी बड़ी खबर सुनकर भी।

शरद : ऐं ? *(जैसे अपने-आपको झकझोरकर)* नहीं। नहीं, खोया-खोया-सा नहीं। वासुदेव, तुमने—तुमने मुझे बचा लिया ! बड़ी भारी खबर लाए हो तुम। शानदार खबर ! *(लैम्प के तार को उठाकर दृढ़ हाथों से प्लग लगा देता है, लैम्प जल उठता है)* मुझे बचा लिया तुमने।

[वासन्ती का प्रवेश]

वासन्ती : सुनो, हीटर तो जल नहीं रहा। क्या करूँ ?

शरद : *(प्रायः चिल्लाकर)* नहीं जल रहा ? कागज जलाकर चाय बनाओ ! यह लो कागज ! *(अपने कहानी वाले कागज वासन्ती के हाथ में थमा देता है)* यह लो ! यह लो कागज। कागज जलाकर चाय बनाओ।

वसन्ती : यह क्या ? ये तो—

शरद : हाँ, हाँ—इन्हें ही जलाओ। कोई जरूरत नहीं इनकी ! कोई जरूरत नहीं। कोई जरूरत नहीं।

[विस्मित वासन्ती को प्रायः रसोईघर में ढकेल देता है। एक निश्चिंतता के आनन्द के साथ लौटता है। फिर भी यह आनन्द जैसे चाबुक मारकर जगाया हुआ आनन्द है।]

वासु : *(कुछ विस्मित-सा)* आप तो लगता है जैसे पागल हो गए हों ?

शरद : पागल ? हाँ, वासुदेव, पागल ही होना पड़ेगा। नौकरी के लिए, तरक्की के लिए—पागल ही होना पड़ेगा ! इसके सिवाय जिन्दा रहने का कोई रास्ता नहीं ! इसके सिवाय—

[तभी शरद की नजर कतरनों के रजिस्टर पर पड़ती है। वह सहसा पत्थर हो जाता है।]

वासु : क्या हुआ, शरद भाई ?

[शरद काँपते हाथों से रजिस्टर उठाता है। पर उसे अपने से दूर ही रखता है। एक बार खोलने की कोशिश करता है, खोल नहीं पाता।]

शरद भाई !

[शरद रजिस्टर वासुदेव के हाथों में थमा देता है। उसकी

आँखों में आतंक है।]

शरद : *(फटी हुई आवाज में)* वासुदेव ! रजिस्टर खोलकर देखो—देखो, उसमें क्या है ?

वासु : क्यों ? क्या है ?

शरद : *(दूसरी ओर मुड़कर एक कुर्सी का सहारा लेते हुए)* क्या ? क्या है ?

वासु : अखबार की कतरनें हैं !

शरद : *(साँस रोककर)* कतरनें ? सब कतरनें हैं ? चित्र नहीं हैं ?

वासु : कहाँ, नहीं तो। ये तो ज्यादातर सम्पादकीय हैं।

शरद : अच्छी तरह देखो, वासुदेव। एक भी चित्र नहीं है ?

वासु : *(पन्ने उलटते हुए)* कहाँ, कोई दिखाई तो नहीं पड़ता। आपको क्या हुआ है ?

शरद : *(अस्फुट स्वर में)* बाक़ी इतिहास !

वासु : कैसा इतिहास ?

[शरद मुड़ता है। उसके चेहरे पर थकान है—कुछ निश्चिंतता की, कुछ बाक़ी इतिहास की चेतना की।]

शरद : नहीं। कुछ नहीं। कुछ नहीं, वासुदेव। एक बुरा सपना देखा था। तुम्हारे आने के ठीक पहले।

[वह बुरा सपना जैसे फिर लौट रहा है। शरद जी-जान से उसे अस्वीकार करने की कोशिश में हैं। निश्चिंतता आँखों से मिटी जा रही है।]

शरद : बस एक बुरा सपना ! बुरा सपना ! एक बेकार झूठा अर्थहीन बुरा सपना !

[शरद का स्वर चढ़ जाता है। उत्कंठित वासन्ती रसोईघर के दरवाजे पर निकल आती है। वासुदेव घबरा जाता है।]

वासु : कौन-सा बुरा सपना ?

[शरद जोर से दोनों हाथों से अपना सिर पकड़कर बैठ जाता है। उसका शरीर यन्त्रणा से कठिन हो गया है—बाक़ी इतिहास का बोझ ढोते हुए बाक़ी दिन जीवित रहने की यन्त्रणा।]

शरद : इतिहास, वासुदेव ! बाक़ी इतिहास ! बाक़ी इतिहास !

[पर्दा गिरता है।]

●●●